9/03

AUTOBIOGRAFÍA *NO* AUTORIZADA

RICARDO TALESNIK

AUTOBIOGRAFÍA
NO AUTORIZADA

EDICIONES DE LA FLOR

Tapa: Magdi Kelisek
Foto de tapa: Alejandra López

© 2000 *by* Ediciones de la Flor S.R.L.,
Gorriti 3695, 1172 Buenos Aires, Argentina
Queda hecho el depósito que establece la ley 11.723

Impreso en la Argentina
Printed in Argentina

ISBN 950-515-256-6

Este libro está dedicado a todas las personas que, con nombres auténticos o apócrifos, son mencionadas en él. Hay gente apreciada y querida que no aparece, pero está en mi corazón. Y no puedo dejar de resaltar el enorme espacio que ocupan en dicho órgano Tamara, Marta, Laura y mis padres.

ACLARACIÓN DEL AUTOR

Ésta es una autobiografía *no* autorizada porque no estoy de acuerdo con algunas cosas que digo de mí.

EL PRIMER CHISTE

A los tres años de edad, después de una nueva pelea entre mis padres, en plena reconciliación les dije: *Ahora que se amigaron, ¿por qué no se pelean otra vez?* Mamá se rió y papá me encajó una cachetada que me dejó la cara dada vuelta como la de Linda Blair en *El exorcista*. Ése fue el primer chiste de mi vida.

Soy tan lindo que cuando camino por la calle con mamá la gente se para, me mira y le preguntan: "¿Es una nena o un varón?". Ella se pone muy orgullosa. A mí me gusta y me da vergüenza.

Entre mis cinco y seis años nos mudamos a Libertad 443, primero "A", entre Lavalle y Corrientes, arriba del "Edelweiss", el restorán al que iban y todavía van los artistas que pueden. Era un departamentito de dos cuartos, uno de los cuales subalquilábamos por mes, por semana o hasta por hora si era necesario. Nosotros vivíamos en el más grande. Mis padres y yo éramos una familia muy unida. Dormíamos los tres juntos en la misma cama. Noches inolvidables, meciéndome al compás de las olas sexuales sobre el fondo sonoro habitual en estos casos. *Me hago el dormido para que no se enojen.* La situación no me resultaba excitante a nivel consciente sino todo lo contrario. Me sentía muy mal, molesto y asustado. *Los grandes se creen que uno es sordo, tarado, ciego y que nos tragamos cualquier verso. Encima nos prohíben hacer lo que hacen ellos, nos amenazan con llevarnos al médico y dicen que nos vamos a quedar enanos si nos descubren tocándonos ahí.*

Cuando mejoró un poquito nuestra situación económica me compraron una cama turca para mí solo. Así fue como conocí a mi primera almohada.

HOMENAJE A LA ALMOHADA

Mi querida almohada, vieja compañera de infancia... ¿Te acordás cuando nos conocimos? Al comienzo te usaba únicamente para dormir, pero después se profundizó nuestro vínculo y llegamos a vivir momentos inolvidables. ¡Cómo me gustabas! Y qué bien nos llevábamos. Aunque para ser franco debo confesarte algo. Yo, cuando estaba con vos, no estaba con vos. Quiero decir que mi mente estaba en otra parte, pensando en mujeres. Estrellas de cine, amigas de mi madre, vecinas del barrio... Sí, te usé como una intermediaria entre mis fantasías y la realidad. Perdoname. Yo era muy chico, estaba desesperado y no tenía otro recurso. Pero no era solamente sexo lo que necesitaba. También sentía hambre de cariño, de compañía... Por eso ahora, después de tantos años, quise rendirte este tributo para decirte muchas gracias y que nunca te voy a olvidar.

LOS INQUILINOS

Ese cuarto que subalquilábamos fue una especie de teatro de *burlesque* en el cual se representaron toda suerte de comedias picarescas que me tuvieron como privilegiado espectador. Allí vivieron grandes personajes. Por ejemplo, Lita y Johnny. Ella me pedía que le llevara una toalla cuando terminaba de bañarse y yo la veía desnuda, blanca, pulposa. Johnny estaba medio loco. Prendía y apagaba la luz continuamente; para ponerse el saco lo arrojaba al aire, le daba la espalda y metía los dos brazos en las mangas simultáneamente. Mamá tuvo que echarlos porque nos iban a volver más locos de lo que estábamos por nuestros propios méritos.

Eugenio era un trombonista francés que vino con la orquesta de Ray Ventura. Me encantaba oírlo practicar con su instrumento. Yo lo miraba fascinado, aunque no tanto como cuando la veía en corpiño y bombacha a Diana, su mujer argentina de ojos rasgados y piel aceituna. Mi Dios, qué infancia tan dura habría sido la mía de no haber contado con aquella inolvidable almohada.

Beba trabajaba en el teatro Maipo como corista. Mejor dicho, "media vedette". Cara dura (me refiero a las facciones), angulosa, tipo Joan Crawford, flaca y con piernas muy lindas. Se las disfrutaba Roberto, actor soporte también en la revista. A Roberto y Beba venía a visitarlos otro Roberto, famoso actor de cine, radio y teatro. Los tres eran muy buenos y simpáticos. Mamá estaba chocha. Yo, también.

El mayor fanático sexual que vivió en ese cuarto imborrable fue un petiso de bigote finito que se traía una mujer distinta cada tarde. Todas grandotas, de piel tirando a oscura y evidenciando su profesión. Mamá le comentaba a papá la intensa actividad del petiso. Ambos lo criticaban y le seguían cobrando el alquiler. Cuando el petiso llegaba con su acompañante de turno, mamá me obligaba a quedarme en nuestro cuarto, pero yo siempre me las ingeniaba para espiar la "mercadería" del día. A la noche, mi almohada y yo éramos muy felices.

Pero no todos mis recuerdos de la pieza de al lado son de carácter sexual. ¿Cómo olvidarme de Sergio, el peletero? Era tan mugriento que nunca se lavaba las medias. Las ponía en el balcón a ventilar. Un día, cuando el olor que venía de su pieza se hizo realmente insoportable, mamá lo echó. Abrimos su ropero para limpiarlo y el vaho que salió desde el interior nos despidió hacia atrás como la onda expansiva de una bomba.

Los inquilinos más normales que tuvimos fueron Tamara y Chicrin, una pareja de bailarines rusos que trabajaban en un local nocturno. Yo los admiraba. Eran dulces, altos, con pinta de artistas. No se los escuchaba cuando tenían contactos sexuales. (¿Los tendrían?) Gracias a ellos mi vieja consiguió un puesto de adicionista en el lugar donde trabajaban. Una noche fui a visitarla con papá. Se la veía tan linda y contenta, madre de mi vida, pollera negra, blusa marfil. Se sentía parte del ambiente y del show. Estaba en su elemento. El mío.

La música se descompone a través del tiempo y de los sucesos. Flotan los compases en el aire de los sentimientos y las imágenes de años tan lejanos que parecen recién transcurridos. Se alejan los sonidos, se pierden, se van... Y vuelven en forma de tango. La calle Corrientes en su apogeo: brillante, sembrada de locales donde actúan las grandes orquestas de tango y de jazz; Corrientes de los cabarets, los colmaos, las putas "finas" y de las otras, gente elegante, atorrantes, peleas, borrachos, "buscas", artistas, bohemia, vagos y laburantes. Gente y más gente hasta las cuatro, cinco de la mañana. Nosotros a cincuenta metros, en un primer piso a la calle. El ruido del tranvía pasando. En ambas veredas de la calle Libertad, los "cambalaches", locales donde se compran y venden artículos usados, desde saxofones y smokings hasta cacerolas, toallas y encendedores...

Mamá sale al balcón y los cambalacheros la miran. A mí eso no me gusta. A ella, sí. Cómo disfrutaba ese primer piso a la calle. Lo extrañó durante el resto de su vida.

Llueve. Salgo al balcón. Me asomo. Pasa la gente. El blanco es perfecto. Desde el piquito por el que se desagota el agua del balcón no podré fallar. Me agacho, me arrimo, me desabrocho y hago pis. Me asomo y veo cómo cae sobre la gente mezclado con la llovizna. Sale el sol. Miro hacia la esquina de Corrientes y Libertad porque de un momento a otro aparecerá la figura de papá volviendo del trabajo con "La Razón" quinta en la mano. Ahí viene. Me gusta cómo camina. Me saluda. Trae un par de paquetes. Parecen de la rotisería. ¡Mmm, asado al spiedo con ensalada rusa, qué fiesta!

Escuela primaria, turno tarde. Fútbol en la plaza Lavalle. *Me las rebusco bastante bien con la pelota. Papá está en el Abasto. Mamá duerme y yo me despierto tarde. Al mediodía bajo a buscarme un sándwich de lomo en el Edelweiss. Siempre hay algún artista que me sonríe y me habla. Elogian el color de mis ojos, las mujeres me anuncian que cuando sea grande me van a comer las chicas.* Casi me comen los varones. Barra brava la de la plaza Lavalle. La mayoría, muchachones más grandes que yo en físico y edad. Uno de ellos solía ejercitarse en el arte de la violación de niños. Yo me salvé porque jugaba bien al fútbol. De esa barra brava surgieron grandes valores que llegaron a ocupar celdas, camioncitos policiales y efectuaron frecuentes visitas a las comisarías. Uno de ellos, años después, murió en un asalto. Cierta mañana vino a casa un policía para llevarme a comparecer en la seccional con todos los integrantes de la temible patota, acusados por la violación de una menor, pero ahí ya tenía pantalones largos. Me los quito y me vuelvo a poner los cortos porque todavía no llegó ese momento.

Mamá y papá se pelean. Qué feo. Cuánto miedo. Se insultan, se culpan, se desean lo peor. Los dos gritan mucho y se amenazan delante mío. Después, a solas, cada uno me habla mal del otro y eso me hace sufrir. Pesadilla horrible de mis hermosos años de infancia, cuando el dolor se vive en el mismísimo instante en que se produce y luego se olvida como por arte de magia. Renacen entonces la alegría, el ansia de juego, el sonido de la música, una mirada tierna, una caricia, mis padres que se reconcilian, un poco de paz, una salida compartida, los ravioles en el restorán, los tres en el "biógrafo", papá dormido y mamá soñando con mundos tan lejanos de pacotilla y algodón, suspirando por los galanes que no se duermen en los cines. *Papá trabaja mucho y las únicas películas con las que no se duerme son las de acción o las de la rumbera Blanquita Amaro. A mí me gustan las de Amelita Vargas. Y también las de tiros, los dibujitos, el Gordo y el Flaco y Chaplín. A las románticas las odio. Me gustan las comedias y las de esos supermachos que nunca tienen miedo, se juegan la vida con una sonrisa y las mujeres se les tiran a los pies, se enamoran para siempre y se mueren de dolor y lloran mucho si ellos las abandonan.*

Los domingos papá me lleva al Real a ver los dibujitos. Le pide a algún acomodador que me mire y se va al cabaret que está en la misma cuadra del cine mientras mamá está en el hipódromo con su amante. Yo me entero de todo en las peleas del domingo a la noche, cuando ella vuelve.

Desde el balcón la veo a mamá desapareciendo por la esquina de Lavalle. Recién, después de otra pelea, hizo la valija y se fue. Papá corre tras ella. Ahora lo veo desaparecer a él. ¡Dios mío, me están dejando solo! ¿Volverá alguno de los dos? ¿Qué hago si no vienen? ¿A quién llamo? ¿Cómo me mantengo? ¿Quién me compra o me hace la comida? Allá parece que... No, no son ellos. Si vuelve papá solo quiere decir que se terminó todo. Menos mal, por un lado. Por otro lado, ¿qué hago sin mamá? Algunas personas pasan caminando debajo de mi balcón. Hablan, ríen, se besan, llevan un bebé en brazos. Ahí va el tranvía retumbando en la calle angosta. Sus ventanillas veloces llevan siluetas y sombras desconocidas. No quiero meterme en la pieza y esperar solo. Me voy a quedar en el balcón hasta que vuelvan. De acá no me muevo. Ahí vienen.

MAMÁ Y LOS HOMBRES

El más importante, Carlitos. No Gardel, pero casi, porque este Carlitos también canta tangos. Después les cuento. Antes quiero hablarles de otro Carlitos que estuvo antes. Yo le digo "El Pistolero" porque un día me regaló un revólver de juguete y desde entonces lo llamamos así. Es flaco, de bigotito, muy alegre, simpático y chistoso. Me hace reír haciendo cosas muy lo-

cas con el cuerpo, la cara o la voz. *Viene de tarde, antes de que papá vuelva del trabajo. Llega, juega un poco conmigo y después mamá me manda a hacer alguna diligencia, o a tomar un Toddy en La Martona de la vuelta o simplemente a quedarme un rato por la calle.*

Carlitos Viván se llama Miguel Tracy. Nació en Irlanda y dice que es primo de Spencer Tracy. Canta con Julio de Caro y compone tangos. Mamá y yo los escuchamos por la radio. Los más conocidos son "Hacelo por la vieja", "Cómo se pianta la vida" y "Moneda de cobre". Mamá lo quiere mucho. Es rubio, de ojos celestes, robusto, simpático y muy canchero. Carlitos también canta en inglés: It's a long way to Tipperary, it's a long, long way... *Me gusta ir a su casa en Navidad. Su mamá irlandesa es de película: una abuelita buena, dulce, gordita, de pelo blanco. Marín, la hermana de Carlos, es alegre y me trata bien. Yo juego con Dickie, su hijo, un chico de mi edad, con el que salimos a tirar rompeportones y cohetes. ¿Dónde estará papá? Mamá a veces me hace sentir que mi verdadero papá es Carlos. ¿Será cierto o habla de bronca? No me importa. Yo lo quiero al primo de Spencer Tracy, pero mi papá es mi papá.*

En este momento, escribiendo, siento olor a talco. No sé si viene de un departamento vecino o si es sugestión, porque me recuerda olores a talco masculino de Carlos y de papá. No es olor a "Yicky", riquísimo perfume que usaba Dante, un oficial de policía muy fino; ni olor a la cebita del revólver que me regaló el "Pistolero", ni el ruido del trencito que me regaló Nicolás, aquel hombre mayor que era tan bueno conmigo. Es olor a talco, a talco sobre rostro de hombre recién afeitado. Los hombres con los que mamá tuvo algo que ver en terrenos que eran de su propiedad.

MAMÁ

Mamá pintándose frente al espejo. Cómo me gusta mirarla. Ese olor a lápiz de labios, a polvo, colorete... Me dan celos porque no se está pintando para mí. Es para otro. Para otros.

Se está dando un baño de inmersión y me pide que le enjabone la espalda. En este momento es sólo mía.

Mamá en la cama, haciendo fiaca. Yo le cebo mate, pero lo hago por obligación. Hoy me gusta más cebarle porque está con su amiga Lola, que me calienta cuando habla y le miro las piernas mientras meto la pata en la pava y me tienen que llevar de urgencia a la farmacia.

Anteanoche papá no estaba, mamá salió con Lola y me quedé solo en casa. Me agarraron celos porque no me quiso llevar. Me imaginé que iban de levante y salí atrás de ellas en cuanto se fueron. Las venía siguiendo por Corrientes y justo las agarro conversando con dos tipos. ¡El quilombo que armé..! Me agarró como un ataque. Mamá no me podía hacer callar ni pegándome. Los tipos se fueron espantados. Y una señora se paró para mirarme y comentar: "¡Qué chico tan malo!". Mamá y Lola se tuvieron que volver a casa conmigo. Je, les arruiné el programa.

Mamá siempre se lamenta de no haber tenido una hija mujer. Yo me siento un poco culpable. Se consuela porque a veces me dicen que soy lindo como una nena, y trata de hacerme más lindo todavía: todas las noches, antes de dormir, me pone vaselina en unos pelitos rebeldes de las cejas para que no se paren; y también me obliga a colocarme unas especies de ganchos o tenazas en el pelo para que me salgan ondas como las que tienen algunos galanes del cine.

Siempre tiene algo. Le duele esto o aquello. Se queda en la cama y sufre, pobrecita. Ahora tiene un eczema en los brazos y se rasca hasta sangrar. Ningún médico la pega con lo que tiene y a mí me salió un impétigo en la frente. Flor de erupción. Tengo toda la frente como podrida. Menos mal que ya se inventó la penicilina y que a mi vieja la va a curar un homeópata.

Cómo le gusta el escolaso. Mi viejo a veces la acompaña a jugar al póquer y yo voy con ellos. Es una fiesta. Gente, comida, chistes, no estamos los tres solos y hay menos peligro de broncas. Se miran con ganas de trenzarse, pero se aguantan. Y si se prenden, por lo menos no estoy solo en medio de los dos. Jugando son un espectáculo. Mamá no sabe ganar ni perder, así que pierde siempre. Si no liga juego, obvio que pierde. Si liga, no se retira nunca y entra en todas hasta que comienza a perder y pierde más que nadie, tipo catástrofe, siempre enterrándose hasta el final. Y después hay que aguantarla. A ella, a papá y a los dos juntos. Él, jugando, no sabe mentir. Si hace un bluff, *se pone colorado. Si liga, se le nota por un tic de la nariz y los ojitos alegres. Pero la escolaseadora de alma es mi vieja. Carreras, quiniela, casino, lotería, generala...*

Se trenzaba al póquer con su hermana Fanny y se sacaban los ojos. Fanny era la "loca" de la familia porque dejó la casa paterna siendo casi una adolescente. Se fue por el mundo con un bailarín. Según mamá, fue la única que se atrevió a hacer lo que quería. La estoy viendo en una foto donde aparecía muy joven, hermosa, en pose de danzarina junto al hombre que se la llevó. Y la recuerdo ya vieja y casada con el dueño de un bodegón montevideano. Una vez nos invitó a pasar unos días en la parte de la vivienda, en el piso de arriba del local. *Yo hago de mozo y me ligo algunos céntimos de propina. Mi tía toca la pianola, el marido maneja la caja y yo ando de aquí para allá entre borrachos y mujeres pintarrajeadas. Tienen un perrito muy lindo, pero el otro día me mordió el culo.*

OTROS HOMENAJES

A mi primo Angelito, por orden cronológico el primer actor de la familia, hijo de Anita, la hermana mayor de mamá, que siempre ofrecía "un rico mate". A él, a sus padres y hermanos en aquel hogar-imprenta donde me pasaba horas mirando imprimir, encuadernar y dorar. *Yo ayudo haciendo de verdugo: con la guillotina decapito pliegos de papel, cartones, volantes...*

A la familia de papá. A las ruidosas comilonas donde el que no comía era catalogado como un enfermo, un anormal. Comer sólo dos o tres platos bien llenos denotaba un peligroso grado de inapetencia. El acto de soportar comidas muy picantes representaba una especie de iniciación, una ceremonia por la cual se accedía al círculo mágico de los Grandes Devoradores. Papá era uno de los máximos iniciados. Pocos se atrevían a competir con él. Ni yo mismo ahora.

SER JUDÍO

O no ser. ¿Ésa es la cuestión? En mi primerísima infancia yo no sabía lo que era "ser" judío. Me fui enterando después. Primero por mis padres: "Vos sos distinto", "A esa gente no le digas que sos judío", "Los judíos son más inteligentes", "No hagas caso si alguien se burla", "Nadie sufre como nosotros". *Ellos hablan en ídish para que yo no entienda lo que dicen. Me da vergüenza cuando los escuchan personas que no son judías y los miran con desprecio o risa en los ojos. El ídish no me gusta. No suena como el inglés o el francés. Lo que más me gusta de todo esto que llaman "ser judío" es el pan Goldstein, el pastrón, los pepinos, la música, las fiestas y los chistes.*

El contacto con familiares de ambas ramas también me fue haciendo a la idea de que yo era "judío". No me sentía adentro de un gueto, pero percibía algo así como que yo era parte de una especialización racial. La escuela me ayudó a sentirme "judío" cuando al maestro le resultaba difícil pronunciar mi apellido, suscitando sonrisitas burlonas en algún compañero, entre quienes nunca faltaba quien hiciera algún chiste respecto a mi origen racial, aludiera a mi pito "cortado" o me dijera "ruso". En la Argentina existían, con más presencia que ahora, grupos nacionalistas fuertemente antisemitas; sus manifestaciones, pintadas y atentados llegaban a oídos de mi familia, causando inquietud y fomentando la sensación, por lo menos en mi caso, de que nosotros teníamos algo raro y digno de ser perseguido. Al mismo esquizofrénico tiempo, en la escuela debía cantar canciones patrióticas y aquella marcha "4 de junio", que se compuso celebrando la revolución nacionalista del '43.

Mi padre era la única persona de apellido judío en el Mercado de Abasto. El "Ruso" del Abasto. Su especialidad era madurar bananas y venderlas por mayor. Hablaba italiano como si hubiera nacido en Italia. Pinta de boxeador, fornido, acostumbrado a imponerse a los gritos sobre el "peonaje" itálico y local. Gran bailarín de tango. Como judío, no era muy clásico.

Habrán podido apreciar que mi madre tampoco era una *ídishe mame* completamente típica. Poseía muchos atributos característicos del personaje: sentirse víctima de todo, autocompasión, posesividad, don de mando, búsqueda de la realización personal a través del hijo, etc. Le gustaba sufrir, pero quería gozar y ser feliz. Era una transgresora.

ACLARACIÓN SEXUAL

No todas mis tempranas experiencias sexuales fueron con la intervención de elementos sustitutivos como la ya célebre almohada. Carola, una amiga de mamá, mendocina, tenía una hija de padre japonés: Nidia, riquísima mezcla del Lejano Oriente y nuestro acervo vernáculo. Ella andaría por sus dieciséis cuando me tocó dormir en su cama durante un periodo en el que, según la información recibida, mamá estaba internada o de viaje, no recuerdo. Nidia tenía una carita preciosa, dulce olor a mujer y un cuerpito merecedor de todo deseo. De noche, mientras ella dormía o fingía hacerlo, vaya uno a saber, yo me arrimaba muy suave y silencioso, me apoyaba con delicadeza en su colita y me movía casi imperceptiblemente para no molestarla. Fue un tiempo muy placentero. Lamentablemente, tuve que volver a mi "hogar".

Con mi prima Lydé también viví momentos deliciosos

jugando al doctor, a los novios y a marido y mujer. Nada original. Los tradicionales juegos eróticos infantiles que deleitaron y deleitan a sucesivas generaciones de niños y niñas de todas partes del mundo aunque ahora, supongo, deben estar jugando a ser travestis, al intercambio de parejas y a las orgías colectivas.

LA MUERTE

Discúlpenme por ser tan brutal. Así es Ella tantas veces. No quiero amargar la lectura de quienes llegaron hasta aquí, pero no podía omitir la presencia de un personaje tan fundamental. Tuve el terror de saber de su existencia por primera vez "gracias" al Rubio, un primo de mi madre a quien yo quería mucho. El Rubio era cojo; usaba un tremendo zapatón con plataforma que a mí me fascinaba como si fuera una especie de implemento fantástico, de ciencia-ficción. Un día me acompañó, subiendo y bajando en su caminar, a que me dieran la temible inyección en la espalda que entonces solía aplicarse como vacuna contra la difteria. Tierno, dulce, siempre me traía golosinas cuando venía a visitarnos. A veces le dolía el corazón y, medicado según la tecnología de punta dominante, se frotaba el pecho con un líquido de olor muy fuerte. Una noche hubo un llamado telefónico. El Rubio se había desplomado ante un kiosco en Corrientes, entre Pellegrini y Suipacha. *¿Un "ataque" al corazón? ¿De golpe? ¿A lo mejor comprando caramelos? ¿Qué significa esto? ¿Yo también me puedo morir? ¡No puede ser! ¡Es una injusticia!*
La noche en que murió mi abuelo materno yo me ha-

bía quedado solo con la Nona, una empleada doméstica que de vieja no tenía nada. Estaba buenísima. La muy "traviesa" me había enseñado a hacerle unos masajes en la cintura, para suministrarle los cuales yo me sentaba sobre sus nalgas y, de paso, creyendo que ella no se daba cuenta, me frotaba como con mi prima o con Nidia. Esa noche mis padres habían ido a ver a mi abuelo porque estaba muy enfermo y fueron llamados de urgencia. La Nona durmió conmigo. En medio de la noche me desperté llamando a mi abuelo. A la mañana siguiente, mamá me contó que más o menos a la misma hora en que me desvelé, su padre había muerto.

LA MUERTE ME ATACA

Pienso mucho en la muerte. De noche, acostado a oscuras, me imagino adentro del cajón, muerto, sin poder moverme, encerrado ahí para siempre, sin poder jugar a la pelota, sin ver dibujitos ni nada y todos los demás que siguen viviendo lo más bien.

Antes de dormirme, solía entregarme a esas fantasías. La consecuencia era una especie de ataque de pánico que me arrancaba de la cama y me transportaba en sus gélidas ondas tenebrosas hasta los brazos de mamá, la cual, como ustedes casi ya saben, padecía una aguda hipocondría. Recibir al hijo de una en semejante estado de terror a la muerte debe ser muy duro para cualquier madre. Imagínense la mía, con el tremendo jabón que ella sentía al respecto. La pobre se ponía a sufrir conmigo, lloraba desconsoladamente como si yo ya estuviera muerto y, abrazándome desesperada, decía: "¡No, mi nene no se va a morir nunca! ¡Él no se va a morir!".

En fin, dejemos a la muerte tranquila, por el momento. Ahora tengo el gusto de presentarles a...

¡EL ACTOR!

Yo debuté a los dos años. Mamá tenía un amigo que vendía entradas a mitad de precio en la puerta del teatro Politeama. Le decían Antonito. Él le avisó a mamá que necesitaban un chiquito para una obra que iba a representar una compañía italiana. Me entraban al escenario, me dejaban treinta segundos sobre un diván y después me sacaban. Un debut extraordinario.

A los ocho años mi mamá me llevó a un concurso y me eligieron para hacer un papelito, bah, de extra casi, en una película con Narciso Ibáñez Menta: Cuando en el cielo pasen lista. *Y ese mismo año me pasó algo muy raro: otra compañía italiana estaba haciendo una temporada en el Politeama. Se enfermó el pibe que hacía uno de los personajes y Antonito nos llamó. Antes de entrar a escena, el director me sentó sobre sus rodillas para darme indicaciones. Era un hombre muy cálido y amable. Me estaba explicando lo que yo tenía que hacer y de golpe aparece mamá entre cajas y le arma un escándalo a los gritos tratándolo de degenerado. Yo no me di cuenta de nada. El director le suplicó a mamá que bajara la voz y que no me llevara porque ya tenía que entrar a escena. Entré. Un matrimonio se estaba peleando y amenazando como mamá y papá. A mí me dio mucha tristeza y me hizo llorar. Cuando salí de escena, todos me felicitaron.*

Mamá me hizo pasar otro papelón en el cine Metropol, al que íbamos todos los días porque todavía no existía la tele. Yo estaba sentado entre mamá y un señor. Papá dormía en su butaca, al otro lado de mamá. De repente mamá empieza a gritarle "degenerado" al señor y lo despierta a papá para decirle con mucha bronca que el señor me estaba tocando. Yo no entendía nada. El tipo se escapó con mi viejo corriéndolo, se encendieron las luces de la sala, todo el público mirándome, ¡qué vergüenza!

Mamá la tiene con eso. Cada vez que salgo a la calle me dice: "Si se te acerca un señor y te ofrece chocolatines o caramelos, vos no tenés que hacerle caso. Lo mismo que si te pide que lo acompañes o te invita a alguna parte...". ¿Qué es esto que llaman "el mundo"? ¿Un lugar lleno de degenerados, con la muerte esperando a la vuelta de la esquina? Mejor les sigo contando mi carrera como actor. En una película trabajé con...

Pará. Antes hubo un episodio muy importante.

Sí, ya sé, pero no quiero acordarme. Contalo vos.

¡SEGUNDOS AFUERA!

Grandes expectativas despertó el encuentro. Desde mucho tiempo atrás la afición venía paladeando la posibilidad de un combate que prometía ser inolvidable. La categoría de los rivales, sus contexturas físicas, peso y antecedentes presagiaban una velada boxística inolvidable. El escenario fue la vereda de la escuela Julio A. Roca, donde quien les habla cursaba la primaria. Muchas veces mamá venía a buscarme a la escuela con Carlos, el cantante, ¿recuerdan? Yo me moría de vergüenza porque me daba cuenta de que los demás se daban cuenta. Ese día, una vez más mi vieja se me aparece con Carlos. La intención era llevarme a tomar algo a una confitería. Dentro del tono evidentemente poco discreto con el que nos manejábamos (no debe olvidarse que la escuela estaba a una cuadra de casa) enfilamos nuestro rumbo hacia algún establecimiento de la calle Corrientes. En ese momento, apareció papá. Yo me hice la película completa. El "Muchachito", mi papá, enfrentaría al "Malo" y le daría una lección de honor y moral. Me mandaron a la vereda de enfrente, a la plaza, y desde allí observé la escena tipo cine mudo. Gestos, diálogos inaudibles, movimientos, discusiones ligeras, intervenciones de mamá, suspenso, miedo y... nada. No pasó nada. ¿De qué hablaron? ¿Qué se dijeron? Misterio... Alivio... Y decepción: una parte mía quería que papá le pegara. Hoy le agradezco que no lo haya hecho.

Evita, Eva Duarte, me levanta en brazos, me sonríe y me da besitos. Estamos en un descanso de la filmación de La pródiga. *Yo hago un chico de pueblo a fines del siglo pasado. Evita es la dama protectora del lugar. Llega en su caballo y los chicos tenemos que recibirla con alegría y entusiasmo. El director me marca que tengo que dar saltitos en el lugar aplaudiéndome los muslos. Me siento un tarado. Se lo digo a mamá y me cambia la marcación: "Frotate las manos con picardía, sin saltar". El personaje se convirtió en un cambalachero de la calle Libertad.*

Ya tengo doce años y estoy haciendo un papelito en la obra de Enrique Suárez de Deza: El anticuario. *El protagonista es Luis Arata, un gran actor. Permanezco muy poco tiempo en escena, apenas para decir "Oh, qué reloj tan soberbio". El resto del tiempo me lo paso viendo las dos funciones diarias entre ca-*

jas. Me divierto con las "morcillas" de Arata y los chistes en voz baja que les hace a sus compañeros de escena. Una tarde se enferma el pibe que interpreta el personaje infantil más importante. En la compañía saben que yo me sé la letra de todos los papeles y me llaman para reemplazarlo en la función vermouth. Mamá me viene a buscar a la plaza. Qué emoción, cuánto apuro, qué nervios. No hay tiempo ni para bañarse. Me lavo los pies y las rodillas negras en la bañadera llena de ropa en remojo. Listo. Al teatro. Narciso Ibáñez Menta, el director, me da las últimas instrucciones antes de salir "al toro". Allá voy, seguro, firme, confiado. Llega mi gran momento. La escena más importante de ese personaje. Es Navidad, está nevando, estoy solo en el mundo y en escena, nadie me ayuda, soy un pobre niño abandonado y desvalido. "Tengo hambre, tengo sueño, tengo frío", digo dejándome caer suavemente, la espalda resbalando contra la pared. Y sucede algo extraordinario: un ruido fuera de lo común, fortísimo, inesperado, y al mismo tiempo muy dulce y acariciador, me inunda el alma.

Ese sonido imprimió en los rollos de mi registro psicomotor una huella indeleble. No recuerdo durante cuántas funciones hice ese papel, pero en cada una de ellas volví a escuchar aquel indudable testimonio del reconocimiento, la gratitud y el aprecio, ese agradabilísimo inductor al vicio que es el aplauso espontáneo y masivo.

¡HOLLYWOOD ME LLAMA!

¡Allá voy! Se está por filmar una coproducción argentino-norteamericana con Osvaldo Miranda, Fernando Lamas y Roberto Airaldi por la parte nacional. Necesitan un chico que

sepa inglés y ahí vamos con mamá para que me tome una prueba el director. ¡Hollywood! ¡Lo máximo de lo máximo!

Eso es lo último que recuerdo de mi etapa como actor infantil. No sé si no me fue bien en el *casting* o a lo mejor es auténtica la versión de mamá: que me fue bien y debíamos viajar a Hollywood, pero papá se opuso. Puede ser. Siempre hablaba pestes del ambiente artístico. Su frase favorita era: "Todos los actores terminan putos". En fin, la cuestión es que no viajé a Hollywood y, desde entonces y hasta una edad para nada infantil, no volví a trabajar como actor.

LA REBELIÓN

Si esto que estoy redactando fuera un guión cinematográfico, ahora escribiría lo siguiente:

(Se oye música marcial, una marcha muy rítmica y enérgica. Ricardo, catorce años, todavía con pantalones cortos, se acerca resueltamente a su madre.)

Ricardo: *Mamá, no quiero estudiar más.*
Madre: *(Sorprendida.) ¿Cómo?*
Ricardo: *Quiero dejar el colegio.*
Madre: *Recién estás en segundo año.*
Ricardo: *No me importa. No tengo más ganas de estudiar nada. Ni el colegio, ni piano, ni inglés ni nada de nada.*

Me rebelé. Sin saberlo, tuve fiaca por primera vez. Mi madre no supo cómo manejar la situación. Mi padre, contento de que en el abandono generalizado estuviera incluida la actuación, me apoyó a cambio de que empezara a trabajar con él. Acepté a regañadientes. Mi fiaca se extendía al campo laboral, pero no había salida, algo tenía que hacer. Afortunadamente, don Abraham no fue muy rígido con los horarios y los días de trabajo, así que se podría decir que prácticamente yo no hacía nada y mi viejo, con tal de ganarme para su causa contra el "enemigo", me mantenía. En esa época, él estaba comenzando a pasar su mejor momento comercial con su amigo de toda la vida: el plátano, que sí daba plata como para que todo marchara armoniosamente y se mantuviera el "equilibrio" familiar: papá con sus chicas del cabaret, mamá con su amante y el juego, y yo fiel a mi almohada.

A pesar de que no me mataba trabajando, el escaso tiempo que le dedicaba al Mercado de Abasto me bastaba para sentir que yo no tenía nada que ver con ese ambiente brutal, sucio y muchas veces violento. Yo era demasiado delicadito para ese mundo. Intenté entonces diversos aprendizajes: mecánica dental, técnico relojero, etc. Cada intento se truncó rápidamente. No soportaba lo rutinario, las actividades sin creatividad, el encierro, la obligación. En un periodo en que resurgió el poder materno y obtuvo el apoyo de mi progenitor, ambos me presionaron hasta convencerme para que retomara los estudios secundarios. Ingresé a un establecimiento frecuentado por los estudiantes descarriados como yo y alcancé a concurrir durante dos meses. Hice un nuevo intento algunos meses después en un colegio nocturno, donde la mayor parte de los estudiantes me llevaba muchos años y no pude superar mi marca anterior. Lo único que me atraía era el sexo, crecer y "recibirme" de macho.

LOS PANTALONES LARGOS

Qué maravilloso cuando fui al sastre para hacerme dos trajes de gabardina: uno azul marino y otro gris. Ricardito de pantalones largos igual que papá, lo mismo que Carlos, el "Pistolero" y todos los tipos que se levantan mujeres, se las llevan a la cama y hacen eso que está prohibido para los niños, eso que se esconde y de lo cual se habla sólo con malicia, con lenguaje cifrado, ironía y doble sentido. Los pantalones largos eran el pasaporte hacia la "hombría", el camino hacia la posibilidad de levantarse alguna de esas mujeres a las que les gustaba "eso": putas profesionales o aficionadas, casadas traidoras, mujeres perversas con fiebre uterina, degeneradas y otros etcéteras de la mirada masculina sobre la mujer imperante en la década de los cincuenta.

Me puse los largos por primera vez en mi cumpleaños número dieciséis. Ese día le dije adiós a mi vieja almohada, la noble camarada de tantos desahogos. Ya había tenido noviecitas, inocentes "filitos" típicos de entonces, en los que, a lo sumo, se llegaba al beso en la boca sin lengua, algún toque o caricia ligeramente audaz, y punto. Sonaba la hora de mi debut. Y como todo porteño de esa generación que se precie, efectué mi presentación sexual con la interesada colaboración de una prostituta. Para entonces, ya nos habíamos mudado a un departamento que papá compró según la flamante ley de propiedad horizontal en la calle Boulogne Sur Mer, frente al playón de carga y descarga de Cinzano. Vivíamos en un segundo piso a la calle, de modo que el ruido era superior al que producían los tranvías, el intenso tránsito y el continuo movimiento de gente en aquel departamentito de Corrientes y Libertad. Esta característica de elegir departamentos muy próximos a fortísimos ruidos molestos se había convertido en una costumbre familiar. Un psicólogo podría decir: "Se necesitaba mucho ruido para llenar tanto vacío".

Yo tenía un cuarto para mí solo. Por primera vez. Y en un viaje de mis viejos a Mar del Plata se produjo el acontecimiento con la complicidad de mi amigo de infancia y adolescencia, notable compañero de aventuras masturbatorias, Luis Eugenio González, a quien el Chiche, cafishio inquilino de los padres del futuro doctor González, le recomendó una prostitutita que trabajaba para él. El primero en ir a mi cuarto con ella fui yo, derecho que me gané a fuerza de calentura y desesperación. Las sienes me latían como miles mientras me desvestía. Me enceguecí de tal manera que no vi nada de verdad. Batí todos los récords de eyaculación precoz. Me puse el preservativo, me acerqué, y eso fue todo. Cuando le tocó el turno a Luis, se fue para el cuarto después de quitarse únicamente la corbata en el living y entregármela como testimonio de su atolondramiento. Luis no demoró mucho más que yo.

Ah, mujeres pagas de mi adolescencia. Después de ese frenéticamente anhelado debut, apareció Chola, una gorda veterana de cara desagradable. En un sótano de la calle Lavalle, hicimos cola unos cinco o seis atorrantes del barrio. No me gustaba Chola, pero el mero acto de saber que una mujer estaba despachando sexo como nafta en el surtidor me volvía loco. Después de Chola vinieron otras, algunas bonitas, y mi narcisismo comenzó a experimentar el alivio de que algunas me efectuaran el servicio sin cargo porque ya empezaba a resultar un poco más atractivo y estaba aprendiendo los rudimentos de lo que yo y ellas creíamos que tenía que ser un hombre en la cama.

No quiero abandonar el capítulo prostitutivo sin decir que se califica como prostitutas a las mujeres que, para usar una expresión cursi, venden su cuerpo por un ratito. Creo que la gama de la prostitución no se limita a ese modelo hipócrita y universalmente definido. Existe todo un arco de diversos niveles y grados de prostitución que escapan a esa caracterización burda y limitada. Hay muchísimas mujeres y hombres que, consciente o inconscientemente, venden su cuerpo o su alma por diversas razones. Desde el militante político o religioso que se acomoda contrariando supuestos principios e ideales hasta la muy legal esposa que se ha casado más con una posición económica que con una persona, pasando por los famosos que jamás se enamorarían de gente que no sea "alguien" en un sentido de poder o fama y los anónimos que buscan acceder a la pirámide del éxito, la fortuna y el prestigio por intermedio de sus asociaciones sexo-afectivas.

EL PRIMER AMOR

Fue a mis diecisiete. Ella, dieciséis. Se llamaba y se llama Elisa. El romance empezó en Mar del Plata. Ella vivía con su familia en el mismo hotel en que yo vivía con la mía. Su hermana mayor, Gloria, empezó a su vez un romance con mi amigo eterno, el doctor González, entonces de dieciocho y metido hasta las patas como yo con Elisa. Era época de novias decentes y vírgenes. Sacrosantas y puras vestales que sólo debían ser penetradas bajo la admonición legal del matrimonio. Sexo con las putas y comunicación espiritual con las novias. No sólo espiritual, porque las novias y uno no éramos de hierro. Se quedaba uno solo con ellas, se bailaban melodías que tocaban el corazón, la energía bullía en el interior del cuerpo muy joven, había roces, miradas, manos que se entrelazaban, y muy pronto aquellos besos de labios dulcemente cerrados derivaban en el afiebrado contacto de las lenguas hurgando ávidamente en profundidades que no se podían desentrañar más abajo. Los cuerpos se acercaban, se apretaban, se movían, las manos buscaban la piel desnuda bajo la ropa, toda esa frenética actividad que se desplegaba en las enormes, interminables y legendarias franelas de aquellos años dominados por la cultura del zaguán.

Elisa vivía en Adrogué. Las calles de su barrio supieron de nuestro deambular buscando el lugar apropiado entre las protectoras sombras nocturnas. Vértigo, mareo, frenesí y el bendito alivio, después tan molesto cuando uno debía regresar en el tren con el pantalón pegajoso y delator. Nos moríamos de calentura, pero la pureza estaba a salvo.

Nuestras respectivas familias se habían hecho relativamente amigas y las palabras "casamiento" y "trabajo" se pronunciaron algunas veces. Yo no estaba para una cosa ni para la otra. Quería mucho a Elisa, pero ansiaba sexo, libertad y falta de responsabilidad.

EL MUNDO GAY

Con el doctor González no sólo compartimos inquietudes y primeros contactos físicos con el otro sexo. Antes,

35

de pantalones cortos, nos complementamos mutuamente como auxiliares masturbatorios. Es decir, nos alternábamos en ocupar el rol de la mujer deseada y ausente. Por lo menos eso era lo que creíamos. Sin desvestirnos, él me facilitaba su nalga o yo le concedía la mía para sentir algo vivo en lo que apoyarse mientras volaba la imaginación o mirábamos las fotografías de mujeres desnudas en una revista picaresca. Debo confesar que yo era el más entusiasta propulsor de dicha actividad y que muchas veces el doctor González se negaba o se hacía desear. Su actitud me obligaba a extorsionarlo con la promesa de hacerle un Toddy bien cargadito si venía a casa y se dejaba franelear. El muy prostituto aceptaba y de paso también aprovechaba su visita para estudiar en mi piano. Después de reclamarme el Toddy-bien-cargado convenido, se ponía a practicar escalas y lecciones al tiempo que me concedía un muslo para que yo me fregara contra el mismo.

A los quince años yo soñaba con el momento en que le pudiera besar los labios a una mujer. Como no sabía cuándo se iba a producir ese acontecimiento tan anhelado, se me ocurrió una idea para la cual necesitaba la colaboración de mi camarada de masturbación. Se trataba de apagar la luz, poner un pañuelo en su horrible boca y besarle los labios imaginándome que él era una mujer. El doctor González me pidió diez pesos para entregarme su hocico inmundo. Atrapado en las garras del deseo, se los pagué sin regatear. En relación al placer obtenido, el precio me pareció un asalto, pero el degenerado no quiso devolverme el dinero.

Más o menos por aquellos días en que me puse de novio empecé a conocer el mundo *gay*. Modestamente, yo despertaba mucho interés en los miembros de dicha comunidad. Me miraban, me seguían, me querían levantar. Las mujeres me veían como un niño y con las novias ya comenté cómo venía la cosa, así que sentirme deseado de esta otra manera halagaba mi narcisismo y me valorizaba como objeto sexual. Y yo coqueteaba, me dejaba decir cosas, aceptaba invitaciones a comer, a tomar copas y escuchar música. Poco a poco, fui haciéndome de amigos con los cuales me sentía muy bien, pero no me calentaban. Lo que me atraía de ellos, por lo general tipos bastante mayores que yo, era su nivel cultural, social y económico; esos contactos me permitían acceder a una dimensión sensible y refinada que no tenía nada que ver con mi origen: el Abasto y mis amigos patotero-futbolísticos de Corrientes y Libertad. Música, libros, experiencias de viajes, costumbres más delicadas, otro lenguaje y, me doy cuenta ahora, una imagen de modelo masculino distinto, con el cual me identificaba en algunos aspectos.

SIN PAGAR

A los diecinueve años ya no parecía un niñito. La relación con Elisa se estaba enfriando. Mi viejo seguía con el miedo de que su hijo le saliera "maricón" a pesar de que no estaba en el ambiente artístico y contrató a una profesional que pusiera a prueba mi masculinidad. Aprobé el examen con un puntaje excelente. El informe de la chica no sólo calmó las inquietudes paternales: quedó tan gratamente impresionada que me siguió viendo sin cargo y luego me recomendó a una amiga, azafata, algunos años mayor que yo, muy atractiva y encima casada, lo que la hacía triplemente atractiva. Empezamos una intensa relación pasional sin dinero de por medio. Por fin me estaba recibiendo de macho.

Con Elisa nos reencontramos y llegamos a concretar aquello que demoramos tanto, pero ya era tarde. El momento del amor total había pasado. Mi primer gran amor se convirtió en un hermoso "ya fue" y sonaron triunfales trompetas anunciando el comienzo de mi primera etapa de donjuanismo y autovaloración a través de la conquista y posesión de mujeres. Mi viejo me seguía manteniendo y yo de vez en cuando simulaba que iba a ayudarle en el Abasto. Mamá ya no me podía obligar a nada. Ella hacía lo que podía con su vida. Papá también. Cada uno estaba en lo suyo.

LA COLIMBA

La noche anterior a la mañana en que debía iniciar mi vida como soldado intentaba olvidar la angustia que me producía el inminente servicio a la Patria. En un bar que estaba de moda me despedía de la vida nocturna y civil tomando copa tras copa y mirando con tristeza a algunas mujeres presentes en el local. Ningún corazón sensible se apiadó de mi situación emocional y salí a la calle con un fuerte sentimiento de soledad e impotencia. Para descargarme, le di una trompada a un cartel metálico de propaganda. Algunas horas después, en la Cruz Azul, organismo de asistencia médica al que fui impulsado por un fuerte dolor en el meñique de mi mano derecha, supe que me había fracturado dicho dedo a la altura del nudillo. A la mañana siguiente comencé mi vida militar enyesado. Recibí la orden de ¡presentaaaarme! en el Hospital Militar para que se constatara la lesión. Allí me atendió un coronel-médico que confirmó el diagnóstico y formuló un comentario con cierta subjetividad: "¡Pedazo de hijo de puta, mire qué forma pelotuda de lastimarse!". Se podrán cuestionar las palabras utilizadas y el tono con que las pronunció, pero conceptualmente tenía razón.

Fue verdaderamente incómodo cumplir mis tareas de limpieza enyesado. Sobre todo al tener que ocuparme de los inodoros. Mi destino era la Escuela Superior Técnica, un instituto donde los oficiales estudian Ingeniería Militar. Yo, además de tener el orgullo de integrar el pelotón higiénico, cumplía funciones de portero durante la mañana, en las horas de clase. Era una especie de mariscal de entradas y salidas. Tenía mi podercito. Y me entretenía. Desde mi puesto se veía la calle, entraban y salían oficiales y visitantes todo el tiempo y había un cuartito medio oculto al que venían mis compañeros a esconderse, hacer sebo, guardar comida, tomar mate, fumar, dormir y joder. A la tarde, pasaba el lampazo con la patrulla trapera.

Un día, ya sin yeso, limpiando un baño del casino de oficiales, encontré una billetera gorda y repleta, que no quise abrir para no tentarme. "¿Qué hago?", pensé. "¿La devuelvo o no la devuelvo?" "Si me la guardo, pueden sospechar de mí e investigarme. En cambio, si la devuelvo en una de ésas me dan de baja, me ligo quince días de franco o algo por el estilo como recompensa al mérito." La devolví en la guardia instalando un mudo asombro en el semblante de los oficiales, suboficiales y soldados presentes. Al día siguiente, en el patio de instrucción, ante mis compañeros y yo formando fila, el sargento lee la orden del día: "...Se destaca el gesto del soldado Ricardo Talesnik, quien ha devuelto una billetera perteneciente al capitán...". Antes de que el sargento finalizara la lectura, rompieron filas y me rodearon casi todos mis camaradas: "¡Chupamedias, alcahuete, olfa, ortiva, buchón, pelotudo..!", fue lo más suave que me dijeron. Ésa fue mi recompensa al mérito.

MANDY

Justamente haciendo la colimba conocí a Mandy. Me la presentó un amigo en una circunstancia muy excitante y prometedora: prácticamente acababa de acabar con un prestigioso donjuán muy codiciado por hombres y mujeres. Entramos a su departamento cuando Mandy y su galán estaban vistiéndose y alcancé a divisar algunas manchas sobre las sábanas. Esa mujer no perdía tiempo en los zaguanes. Aquella insaciable azafata muy pronto sería desplazada por esta maestra de la cama, ardiente y morbosa. Ella me inició en el arte del diálogo erótico. Su experiencia en materia de posiciones era sorprendente y variada. Además, era bellísima de cara y de cuerpo. Piernas perfectas, tersa piel color mate, colita pequeña y parada, pechos puntiagudos, levantados, labios y lengua como para demorarse años besando y no quiero entrar en más detalles porque me voy a terminar excitando.

Ella trabajaba de modelo para fotos y desfiles. Se las rebuscaba bastante bien y, además, hacía "horas extras". Ustedes me entienden. Yo estaba muy orgulloso. Cumplía el sueño del macho porteño: tener una linda mina para la cama que no sólo se mantiene a sí misma sino también a su novio.

Claro, la vida con ella no era muy tranquila. A los pocos días de conocerla, después de pasar varias intensas jornadas sin tregua ni descanso, un domingo al mediodía regresé al depto donde todavía vivía con mis viejos para que supieran de mi existencia y cambiarme de ropa. Vuelvo a lo de Mandy y le toco el timbre. Silencio. Pausa. Vuelvo a tocar. Se escuchan pasos y cuchicheos. Toco una vez más. Mandy abre la puerta, totalmente desnuda. Se oye la ducha corriendo en el baño. "Es Alfredo", me dice, refiriéndose a un amigo que me había presentado un par de días antes. "Vino a darse una ducha." Le di un cachetazo y me fui, ¡qué carajo! "¡Hermano... yo no quiero rebajarme ni pedirle ni llorarle ni decirle que no puedo más vivir...!" Loco de dolor, traté de emborracharme. "Quiero emborrachar mi corazón para después poder brindar por los fracasos del amor..." Más tarde Mandy me llama y me pide perdón, dice que me ama y que quiere hacer el amor conmigo. La mina vino al pie del varón. La perdoné y le demostré en la cama quién era yo. "¡Ardiente y pasional, temblando de ansiedad, quiero en tus brazos morir!"

¡Qué pasión con Mandy! Nos insultábamos, nos pegábamos, nos corneábamos, una vez le rompí un placard a patadas, los vecinos se quejaban, vino la policía... ¡Qué hermoso! Una noche, en un restorán, Mandy descubrió que me estaba mirando una mujer que comía con un tipo en otra mesa. "¿Qué mirás, hija de puta?", le preguntó a voz en cuello, concitando la atención de todos los comensales. En otra ocasión, después de una pelea, me sorprendió en un bar conversando con un par de chicas y me llevó a trompada limpia por la calle San Martín de Mar del Plata durante tres cuadras. Yo me sentía realmente querido y valorado.

Los amigos de Mandy no eran niños de pecho. Gente pesada, de la noche, de agarrarse a piñas, patadas, botellazos, cuchilladas o balazos por cualquier cosa. Uno de ellos murió asesinado por un tema de drogas. Mandy encarnó exactamente el tipo de mujer fatal con la cual yo fui condicionado a vincularme gracias al tango. La mujer peligrosa que te puede traicionar en cualquier momento y por la que tenés que jugarte el pellejo si no querés que te la afane un rufián que te puede abrir de arribabajo con un cuchillo de ley. Pero no llegamos a tanto porque ambos nos dimos cuenta de que lo que más nos convenía, simplemente, era "...un adiós inteligente de los dos". ¡Chin-pum!

Pero en un rincón del corazón tanguero se escondía la ilusión de llegar a conocer a una piba buena, dulce y pura, que le brindase a uno la eterna seguridad de un afecto fiel, decente y sin sobresaltos. El Destino quiso que la encontrara en un elenco teatral que integraba mi primo Angelito. Gracielita fue una piba que me tocó el corazón, pero ella no se dejó tocar nada y yo ya no podía volver a la cultura del zaguán. Me abrí en búsqueda de sensaciones más fuertes y comencé a explorar en mi Don Juan, no el de Castaneda.

MELITA

Lo primero que le vi fue el culo parado con premeditación y alevosía. Estaba asomada a la ventana de un departamento que yo le estaba mostrando a ella y a su madre en mi carácter de agente inmobiliario, actividad que desarrollé durante una breve etapa de mi vida. Con cruel sadismo, se asomó a la ventana y me lo mostró en todo su esplendor. No recuerdo cuál fue su comentario posterior. De lo que no me olvidaré jamás es de su mirada cuando se apartó de la ventana; giró la cabeza y me miró como diciendo: "Te gustó, guacho, eh...". ¡Qué ojos! Eran un cartel diciendo "cogeme". De la boca les voy a contar enseguida. Hablemos de su cinturita, sus piernas fuertes y suavemente torneadas, su olor fragante y embriagador como un vino francés que nunca bebí pero queda muy bien decirlo... Esa misma noche, en el coche de mi viejo, conocí sus labios y su lengua en acción. Empezaron con mi boca y siguieron hasta lograr beber lo último, lo más íntimo y sagrado. Pero no terminó allí esa primera noche. La llevé hasta la puerta de su casa, un chalet en un elegante barrio residencial de San Isidro. Entre impresionado y deslumbrado me despedía de su boca cuando de reojo alcanzo a divisar una sombra que atraviesa el jardín de la residencia en dirección a mi vehículo. "¡Arrancá, arrancá, es mi novio!", clama ella muy asustada, aterrándome. Puse la primera y arranqué. La sombra se convirtió en cuerpo y se tiró de bruces sobre el capot. Pensé: "¿Qué hago?". "¿Acelero y que se haga bolsa?", No pude. Me dije: "Que sea lo que Dios quiera", y frené. El tipo abrió la puerta del lado de Melita y empezó a tirar de un brazo para sacarla. Melita gritaba: "¡Me va a matar, me va a matar!". Yo tiraba del otro brazo para retenerla. Grito va y grito viene, su novio y este relator tironeábamos luchando por la presa, hasta que con tono más calmo él aseguró que no le haría daño. Melita bajó y yo me alejé a bordo de la cupé Mercury paternal. Al día siguiente me llamó Melita para comunicarme que había roto con su novio y que me quería ver. Con mi narcisismo triunfal y enhiesto allá fui, a continuar mis aventuras eróticas con ella, que duraron hasta que una tarde en que fuimos a ver una película osó entender algo distinto de lo que había entendido YO.

MARISA

La conocí un verano marplatense que pasé trabajando como informante de un edificio en construcción. Nos matamos en la cama, en el suelo, en el baño y no lo hicimos en el aire por falta de alas. Nos chupamos la sangre, nos bebimos el alma y nos masticamos hasta el último bocado de corazón. Además, nos divertíamos y podíamos hablar. Me agarré un metejón terrible. Yo debía quedarme hasta el final de la temporada y ella regresó a Buenos Aires cuando se terminaron sus vacaciones. Era maestra, vivía con su familia, amaba a su hermano, me demostraba una pasión devoradora y nos costó mucho separarnos. Nuestro último encuentro erótico se efectuó prácticamente en el andén de la estación ferroviaria. Al día siguiente la llamé a Buenos Aires. Su madre me informa que había salido. Volví a llamarla. No había regresado. Al día siguiente, no la encuentro. Y así sucesivamente, hasta que un día la madre, con voz piadosa, me dice: "Vea, joven, le aconsejo que no la llame más... Marisa es una chica muy cambiante y...". Me reventó, me hizo mierda, sufrí durante un par de semanas y después se me pasó. Cuando volví a Buenos Aires la ubiqué y nos encontramos. Así me enteré de que andaba con un tipo casado que siempre la hacía sufrir. Conmigo trató de olvidarlo, la pasó muy bien, pero en cuanto regresó de Mar del Plata se enganchó con el tipo de nuevo. Ella quería sufrir y yo también. Una combinación perfecta.

INTERMEDIO LABORAL Y FAMILIAR

Habrán advertido que aludí un par de veces a sendos trabajos inmobiliarios de muy breve duración. Debo también mencionar una incursión en la venta de acero redondo para construcciones, durante la cual no vendí ni un alambre. También reaparecí fugazmente como vendedor de bananas por mayor. Para completar esta brevísima sección informo que por esos años seguía bajo el techo digamos "familiar", aunque trataba de permanecer allí la menor cantidad de tiempo posible porque el ambiente seguía muy caldeado.

DON JUAN SE ENAMORA

En realidad, yo nunca serví para Don Juan. Siempre terminé conquistado por alguna de mis conquistas, es decir enamorado o enganchado afectivamente. Pero no podía enamorarme de una chica dulce y buena. Necesitaba sufrir, temer y combatir para sentirme realmente enamorado. Una mujer amorosa y leal no tenía sabor. No había riesgo, aventura, peligro, acción. Nada me calentaba más que la posibilidad de que una mujer me traicionara. La seguridad, el afecto permanente, estable, el cariño inalterable me aburrían. Por ese motivo, Corita representó para mí sólo una especie de refugio afectivo al cual recurría cuando mis aventuras sexuales no me absorbían. Una mamita muy joven y tierna que me escuchaba con devoción, aguantaba mis quejas y soportaba mis maloshumores, permitiéndome asumir un rol absolutamente protagónico en el escenario de nuestra relación. Además, me brindaba la posibilidad de vivir una situación que siempre me atrajo tanto como el sexo: la vida de hogar. Comer atendido por madres, tías, abuelas y una jovencita enamorada de mí perdidamente. Con Corita también tenía sexo, pero sólo me resultó particularmente cautivante en dos instancias: cuando la conocí, totalmente inexperta y por lo tanto sumamente interesante para tener el privilegio de instruirla, y una vez que se manifestó atraída por otro joven, hecho que, como siempre antes y después de ella, me produce el más súbito e intenso enamoramiento.

MAMI Y PAPI ME ABANDONAN

Sí. Yo tenía "apenas" veinticuatro años cuando se produjo el largamente demorado hecho. Después de la separación, mamá se queda con el departamento de Mar del Plata, algunas joyas y algo de efectivo; papá conserva para sí el departamento donde estábamos viviendo los tres y se casa con una chica de mi edad, con la que venía manteniendo una relación. Vende nuestro departamento y compra uno para vivir con su nueva mujer. Mamá se queda en Mar del Plata, papá se muda a su nuevo hogar y yo permanezco solo en el departamento totalmente vacío, excepto mi cuarto y el de la empleada doméstica que seguía a mi servicio (total) bajo el pago de mi padre. Sin embargo, yo creía estar contento. Cuando llegara el momento de hacer abandono del bien familiar ya vendido, iría provisoriamente a un hotel hasta que papá pudiera comprarme un departamentito y así librarse de la culpa y de la carga de tener como hijo a semejante plomo que todavía no se valía por sí mismo. Me sentía muy feliz. Por fin viviría solo, ¡y en un hotel! El sueño de mi vida de galán seductor alerta al mínimo movimiento femenino para precipitarme sobre la presa del momento y devorarla en un santiamén. Al mismo tiempo, continuaba fingiendo fidelidad y devoción a Corita.

EL ENEMA

Faltaban pocos días para la entrega del departamento que todavía ocupaba. Un domingo al mediodía me fui a almorzar a un restorán cercano. La mayonesa de atún estaba sabrosísima. A la tarde empezaron los dolores de estómago y el malestar general. Corita corrió a asistirme y llamamos a un médico. Éste me diagnosticó una intoxicación y prescribió algunos enemas. Corita, con la colaboración de mi empleada doméstica, procedió a efectuarlos. Las estoy viendo al pie de mi cama de soltero, en cuclillas, apuntando al blanco antes de efectuar el disparo. Quien les habla, con las piernas abiertas, boca arriba, ofrecía generosamente su más recóndita intimidad con un pudor equivalente a la entrega de la virginidad. La intoxicación se curó. Ricardito necesitaba muchos enemas, montones de enemas suministrados por manos femeninas, manos maternales pendientes de él, madres y más madres solícitas y afectuosas.

LA QUINTA DE BEETHOVEN

Ta-ta-ta-tá... comenzó a pronunciar la orquesta. Sobre la cama, después de hacer y deshacer el amor, Corita y yo permanecimos en las penumbras de uno de los postreros atardeceres que me tocó pasar en la última vivienda que compartí con mis padres. No sé cuánto tiempo dura la Quinta Sinfonía, pero recuerdo que me la lloré toda, desde el comienzo hasta el final. Corita contemplaba deslumbrada tan espectacular demostración de sensibilidad. Su entrega como espectadora y la intensa atención que me prestaba estimuló aun más mi actuación y alcancé sublimes momentos durante los cuales la música y el llanto se fundían, produciendo efectos seguramente inolvidables para Corita.

Algo estaba pasando en mi interior. Algo se estaba gestando. No era sólo la tristeza por la separación de mis viejos (por otra parte, un alivio) ni la despedida de una vivienda que jamás llegó a ser un hogar. Esa angustia que brotó con la música no provenía sólo de la disolución familiar, el cambio de vida y el nacimiento de una nueva etapa; una fuerza, una energía desconocida, una profunda necesidad expresiva escondida en algún lado quería salir y manifestarse. Lo curioso era que no tenía nada que ver con el sexo. Pero esa irrupción extraña no atemperó mi sed de aventuras.

DON JUAN EN EL HOTEL

Verano. Hotel céntrico. Por primera vez en mi vida, refrigeración. Cierta elegancia, recepción de mensajes, pasajeras en otros cuartos, solas o acompañadas. Miraditas en el *lobby*, charlitas en el ascensor, encuentros en el bar, saluditos, sonrisitas... Hermosa vida. Yo seguía con Corita, pero me sobraban el tiempo y las oportunidades para dedicarme a la caza y a la pesca. Mi máxima hazaña hotelera en esa estadía fue la conquista y consumición sucesiva de dos compañeras de cuarto. Primero una y luego la otra. Después de mi logro me di cuenta de que no había engañado a ninguna de las dos, sino que la una me recomendó a la otra, circunstancia que acentuó mi orgullo.

Por esos días volví a verme con Melita. Tuvimos un par de encuentros muy interesantes y por las dudas no fuimos a ver ninguna película. Para esos menesteres "tenía" a Corita, fiel seguidora de mis inquietudes cinematográficas, hasta ese momento meramente aficionadas. Siempre opinaba lo mismo que yo y nunca me contrariaba. La compañera ideal.

EL MATADERO DE PERÓN

Perón ya no estaba en el poder pero no se lo podía ni mencionar. Por ese motivo la calle Cangallo todavía no llevaba su nombre. Al 1963, en el séptimo piso, departamento "F", se instaló quien suscribe la presente en un departamentito de un ambiente que comenzó a comprar en cuotas la culpa de su padre.

Mi primer departamento. Y soltero. Casi todas las unidades de ese edificio eran "bulos", "cotorros", "mataderos" o como se los prefiera designar. Personalmente escojo el término *matarife*, porque refiere al consumo de la mujer como un acto carnívoro de succión, masticación, deglución, digestión y expulsión. En esa histórica morada fue donde alcancé mi consagración como activista sexual. Mi matadero daba a un patio interno, un patio de aire y luz. ¡Lo que era ese ámbito en la noche!... El éter se poblaba de sonidos provenientes de todos los mataderos. Éramos como una gran orquesta erótica. Yo era solista.

EL CAMIONERO

Sin embargo, no todo era placer y dicha. Yo debía ganarme la vida de una vez por todas. Me estremecía imaginarme trabajando en una oficina ocho horas por día, tener que marcar el reloj, hacer siempre lo mismo y obedecer órdenes. Se me ocurrió una idea que me entusiasmó y para la cual conté, una vez más, con el apoyo de mi viejo: comprarme un camión para efectuar fletes en general y, especialmente, de bananas. Papá me aseguraba una base de trabajo porque diariamente se necesitaba transportar cargas del brasileño producto desde el puerto al Mercado de Abasto.

Me gustaba ser camionero. Me sentía independiente, autónomo, andaba por la calle, al aire libre y disponía de un vehículo para movilizarme (con Corita íbamos al Teatro Colón en el camión, lo estacionábamos en la vereda de enfrente y bajábamos sin complejos rumbo a la cultura). La carga y descarga de diversas mercaderías me permitía una intensa actividad física que complementaba mis ejercicios con pesas y contribuía a la consolidación del aspecto atlético que anhelaba. Además, me había esmerado en elegir un vehículo sobrio, negro, sin leyendas ni dibujos de mal gusto, cosa de tener una imagen de camionero fino, algo así como un *playboy* del flete.

No era un trabajo siempre agradable. En muchas ocasiones debía transportar mercaderías de trato muy difícil. Grandes láminas metálicas cuyos extremos cortajeaban las manos, comida para chanchos de un olor indescriptible y, el gran terror, ir cargado de bananas hasta las orejas, controlando no sólo el manejo del camión en medio del tránsito sino también el eventual ingreso por la ventanilla de arañas provenientes del fruto carioca. Hoy no puedo concebir de dónde saqué el coraje para realizar semejante trabajo, porque no se trataba sólo de hacer lo ya relatado y frecuentar un ambiente tan duro como el del Abasto. También estaban el puerto y los "nenes" que se ocupaban de la carga y descarga, los estibadores. Encima, yo tenía la misión de coimear al capataz para que, sin que se dieran cuenta los demás camioneros, derivara hacia la culata de mi camión los mejores cachos de bananas que se desembarcaban. Creo que me atreví a tanto porque me daba mucho más miedo terminar de empleado en una oficina.

LA MUERTE ATACA OTRA VEZ

Mi vida transcurría más o menos plácidamente entre camiones, mami Corita, bananas, aventuras estrictamente sexuales, Colón, música, lecturas autodidactas y mucho cine hasta que un día, no sé cuándo ni cómo, empecé a ver cadáveres. No quiero decir que realizaba macabros descubrimientos por la calle o en mi placard. Me refiero a un fenómeno psíquico intensificado por mi facilidad de visualización: aquel infantil temor a la muerte regresó en forma de una obsesión enfermiza: me sugestionaba de tal modo que me hacía ver como un cadáver a cuanta inocente persona se cruzara en mi camino. Viajaba en el subte rodeado de cadáveres sentados, de pie, entrando y saliendo de los vagones o circulando por los andenes. Por la calle el desfile mortuorio era incesante, sin distinción de sexo, edad o religión. Nadie se salvaba de convertirse en cadáver gracias a mi mirada. En un milésimo de segundo terminaba con la vida de cualquier individuo o grupo humano. Sin embargo, semejante expresión de poder no era placentera. Ese "revival" de mi principal fobia infantil me provocaba una angustia enorme. Se me hacía casi imposible concentrarme en la lectura de un libro; cualquier tema que leyera me remitía a ese "ser o no ser" que siempre terminaba mal. Trataba de reducir al máximo mis momentos de soledad física. A veces el cine y el sexo me distraían de mi tema favorito, pero yo andaba muy nervioso y Corita era la víctima preferida de mi impaciencia (como suelo hacer con quienes estoy seguro de que me quieren). Ni a ella ni a nadie me había atrevido a confesar una situación que me resultaba ridícula y vergonzosa. ¿Cómo decirle a la novia de uno que su varón tiene un ataque de miedo a la muerte? Los hombres no podían tener miedo. Confesar semejante pánico sin una causa inmediata que lo justificara era como decir "Me volví loco", "Soy un imbécil cobarde" o algo por el estilo. Para colmo, todavía no estaba de moda el psicoanálisis y ni se me cruzó por la cabeza la idea de tratármela.

Así fue como atravesé aquel vía crucis mental y anímico durante tres meses. La obsesión disminuyó cuando comencé a tomar... clases de cine. Fellini y Truffaut lograron que el brote paranoico se fuera diluyendo. Ocupó su lugar una neuralgia que nació muy suave y focalizada a la altura del ojo izquierdo, pero adentro. Con el transcurrir de los días ese malestar se fue incrementando en forma de puntadas muy fuertes y ampliando su acción a una zona más amplia. La aspirina no podía contra ese dolor y se me brindó una excelente oportunidad para el ejercicio de la hipocondría que aprendí con mamá y que supe desarrollar por mi cuenta con el significativo aporte de los médicos que confunden alarma con prevención. No tuve más remedio que acudir a ellos para buscar remedio. Empecé por los clínicos, que prescribieron calmantes tan fuertes como infructuosos y terminé circulando con mi dolor y mi miedo entre oftalmólogos, neurólogos y otorrinolaringólogos que me iban indicando sucesivos estudios que dieron negativo para ellos y positivo para mí. Aún no se utilizaba cotidianamente la palabra "somatización" ni entre la gente con diploma. Por lo menos, a mí no me la mencionó nadie. Pese a ello, me fui acostumbrando al dolor hasta que dejé de sentirlo y luego me acostumbré a su ausencia.

OTRAS CIRCUNCISIONES

Poco tiempo después me tocó vivir otro singular episodio médico. Algo extraño venía ocurriendo en mi pene,

53

palabra que me suena ridícula. Otras expresiones son demasiado crudas para este momento digamos literario. Lo llamaré Samuel. En el cuerpo de Samuel habían aparecido dos o tres verrugas de ésas que tienen como un piolincito entre la cabeza y la raíz, verrugas-piolas. Concurrí al consultorio de un doctor cuyo nombre lamentablemente no recuerdo, me pidió que le presentara a Samuel, lo miró, agarró un bisturí y le cortó las verrugas sin previo aviso ni anestesia. Samuel sangró bastante y yo me descompuse de la impresión. Así fue de violento y brutal ese nazi disfrazado de médico que me hizo revivir la que fue seguramente una de mis más tempranas experiencias como víctima: la circuncisión.

Las verrugas no se dieron por satisfechas y regresaron con brío. Pero esta vez concurrí a un médico de las fuerzas aliadas, de apellido judío para mayor seguridad, que usó la anestesia correspondiente y extirpó las piolas.

Sin embargo, algún tiempo después, una nueva verruga asomó por el agujerito para la salida del pis y me dijo "hola". La muy pícara brotó desde el interior de Samuel, asomando al exterior cual grácil flor de primavera. El acto de orinar se convirtió en una curiosa experiencia estética, pues la extraña presencia producía un efecto tipo regadera. Al mismo tiempo se manifestaron otros síntomas que me llevaron a un experto en urinarias que, para empezar, metió su dedo enguantado en el mismo lugar que visitó la jeringa enemática con el fin de explorar mi próstata, según expresó previamente. Diagnosticó la presencia de un bacilo de nombre "Coli" (que suena a simpático apodo canino) y prescribió antibióticos más nuevas metidas de dedo para efectuar masajes de ningún modo placenteros. Culminó su tratamiento extirpándome la verruga durante una breve sesión quirúrgica bajo los efectos de la anestesia total. Posteriormente a estos episodios médicos centrados en tan estimadísima zona, no volví a experimentar ningún tipo de anomalía hasta que ocurrió la excepcional historia del testículo derecho que narraré más adelante.

ADIÓS A LAS BANANAS

No fue fácil despedirme de la fruta que signó buena parte de mi vida, pero facilitó mi decisión el hecho de que un amigo, Pipo Millán, consiguiera hacerme entrar en el diario "La Razón" como agente de Relaciones Públicas. Gracias a él pude despedirme de las bananas, del camión, del Mercado de Abasto y de las arañas para siempre.

Aparte de mis inquietudes cineclubísticas, a veces se me daba por borronear algunos escritos a la manera de poemas o pequeñas narraciones que no lograban convencerme acerca de una definida vocación literaria. Mis andanzas en el aprendizaje cinematográfico se limitaban a una difusa aspiración de llegar a dirigir cine, no a escribirlo. Un recuerdo muy fuerte de entonces es la lectura de un texto de Gurdjieff incluido en un libro de gran difusión: *El retorno de los brujos*. En él Gurdjieff decía que la humanidad se encuentra en estado de sueño; todos sus actos son mecánicos, automáticos, inconscientes. La gente no está despierta, no sabe lo que hace ni por qué lo hace. No se trataba de una reedición de la visión freudiana del inconsciente, sino de un enfoque metapsicológico que veía al ser humano con posibilidades de "...llegar a Ser en niveles conocidos por muy pocas personas". Si se trataba de una enseñanza para unos pocos, yo tenía que estar entre ellos. ¿Si no, para qué tuve una *ídishe mame*? Empecé a escribir con más frecuencia, despreocupado de géneros o formas determinadas, sin pensar en publicaciones ni en que alguien leyera lo escrito tan desordenada y espontáneamente.

Yo había leído algunos libros, siempre escuchaba música de todo tipo, sobre todo la llamada "clásica", veía mucho cine y un poco de teatro, pero los baches e ignorancias que descubrí dolorosamente al compararme con mis compañeros de cineclub me impulsaron a una obsesiva y prolongada etapa de autodidactismo: leí bastante literatura, sobre todo argentina, y un salpicón de teatro, historia, psicología, sociología, filosofía, etc. Se profundizaba aquel cambio que comenzó a manifestarse el día en que me lloré la Quinta de Beethoven.

ESCRITOR POR ACCIDENTE

Mi tarea en "La Razón" consistía en gestiones de acercamiento a potenciales anunciantes o a los que habían dejado de publicar sus avisos en las páginas del entonces exitosísimo vespertino. No debía venderles publicidad; sólo sugerirles la conveniencia de ordenarla. Y cada día tenía que redactar un informe sobre las gestiones realizadas. Totalmente lego en dactilografía, empecé a ejercitarme penosamente con los dos dedos índice, los mismos con los cuales estoy escribiendo estas líneas en mi computadora. Un día, practicando en una vieja Remington de la oficina de Relaciones Públicas, "apareció" un gag, un chiste visual, una breve escenita sin palabras que salió no sé de dónde. Me gustó, me pareció graciosa. Pensé: "Puta, qué lindo sería poder vivir de escribir chistes para la televisión". Yo admiraba a un maravilloso programa de humoristas uruguayos: *Telecataplum* (con una de cuyas integrantes, algunos años después, llegaría a formar pareja). Me encantaba el tipo de humor que hacían, el estilo visual y la calidad de sus ideas e interpretaciones. Con ese modelo en la mente seguí escribiendo mis gags, ahora de manera más premeditada. Así fue cómo comenzó lo que después se convertiría en algo así como una "carrera profesional". Pero antes, un momento: la parte afectiva irrumpe, interrumpe y continúa una vez más.

EL AMOR LLAMA DE NUEVO

Estaba tomando un helado en Cadore, heladería que frecuenté durante décadas. El hecho acaeció antes o después de entrar en "La Razón". Qué importa la cronología exacta. El asunto es que el azar, Dios, el Destino, el caos o la casualidad quiso que pasara por allí Gracielita, aquella inocente integrante del conjunto teatral de mi primo que había resultado demasiado ingenua para mis impacientes ambiciones donjuanescas. Hola, qué tal, vos por acá, qué bien se te ve, ¿querés un helado?, palabra va, palabra viene, seguimos caminando, llegamos hasta su casa, sus padres no estaban, siguió la charla, se habló de libros, de cine, de música, se hizo la madrugada y llegó el momento de la verdad. En esta oportunidad, el donjuán no sólo satisfizo sus inquietudes eróticas sino que incluso quedó atrapado hasta el punto de seguir el romance noche a noche durante una semana. Culminó mi estado de enamoramiento en una fiesta de carnaval que Gracielita (me apasionan los diminutivos porque colman mi costado mimoso tipo nene de cuatro años) organizó invitando a diversas personas del ambiente artístico. Ella ya trabajaba profesionalmente como actriz y tenía diversas relaciones en el "ambiente". Yo, en ganador, tostado, luciendo mis ojos celestes y creyendo ser un poco el centro de la atención general por mi flamante vinculación con la dueña de casa, desplegaba mi figura asumiendo actitudes estáticas; mi fuerte no era el baile, todavía. Debajo del aspirante a galán subsistía el acomplejado inseguro. Transcurrió la noche entre música y champán (es una forma de decir) y llegó el momento de los juegos de salón. Con gran promoción previa, puesto que se trataba de una figura muy conocida y prestigiosa en aquella época, llegó por fin un actor que no me suscitaba competencia desde el punto de vista físico. En aquel entonces, yo creía que uno gustaba fundamentalmente por el aspecto exterior. Con la participación del recién llegado comenzó "el juego de la verdad", ese simpático entretenimiento que puede convertirse en un feroz y despiadado torneo de "sinceridades". Después de algunas rondas sin mayores contusos, se desarrolla una nueva vueltecita y un "divertido" de ésos que nunca faltan le pregunta a Gracielita: "Si tuvieras que elegir a alguien de los aquí presentes para pasar la noche, ¿con quién te quedarías?". Me acomodé en el asiento, algo nervioso y avergonzado por mi inminente protagonismo y bajé la vista con falsa humildad. Gracielita contestó: "Con él". Levanto la vista, entre turbado y triunfador, y descubro con un sentimiento indescriptible que estaba señalando al actor famoso. Vista de afuera, una situación realmente graciosa. Calculen lo que fue para mí. Creo que perdí el conocimiento sin desmayarme. Debo haber estado patético en mi afán de demostrar que no me afectó la respuesta de Gracielita. No sé cómo terminó esa fiesta ni cuándo me fui.

De vuelta en mi casa, con el característico ataque de ansiedad que me agarra cuando me siento abandonado, no pude conciliar el sueño. Desesperado, superé mi orgullo maltrecho y llamé a Graciela para verla de inmediato en una plaza, a la luz del día, a cielo abierto. Necesitaba un service urgente de afecto, una restitución narcisista, una mirada revalorativa de mi ego lastimado. Nos encontramos y logré disimular la histeria bajo la máscara del amor para siempre. Seamos justos con aquel Ricardo no desaparecido del todo en mi actual interior: aparte de los sentimientos infantiles y pequeños sentía un real afecto hacia Graciela y nos habíamos acercado mucho en esa semana. Ella también me manifestó su cariño y sus ganas de seguir conmigo. No recuerdo si me explicó qué le había pasado en aquel "juego de la verdad" ni si yo se lo pregunté. Me conformé pensando que su actitud fue una revancha de cuando la dejé por falta de sexo. En síntesis, esa agitada mañana marcó decisivamente mi futuro afectivo inmediato y mediato. Y no sólo afectivo.

Corita pasó realmente a mejor vida porque me "perdió" a mí. Era demasiado dulce, buena y simple en el mejor sentido. Su entrega y generosidad no eran suficientes. Sin menoscabar las aptitudes de Gracielita como persona y evitando comparaciones improcedentes en el terreno del "amor", lo que yo necesitaba para sentirme "apasionado" era lo que ya describí en páginas anteriores: que me hicieran sentir dependiente hasta el paroxismo, enfermo de celos, inseguro, al filo del abandono y la "traición"; en fin, sufrir como el diablo manda.

EL DEBUT AUTORAL

Mis gags siguieron "apareciendo" en la máquina y comencé a darlos a conocer con la esperanza de llegar a la tele. Les llevé una selección a los autores de *Telecataplum*. Uno de ellos, algunos días después, caminando por la calle me dio su opinión: "Rompa y escriba, rompa y escriba".

En una ocasión vi salir del teatro a un humorista muy popular en esos días: Juan Verdaguer. Lo abordé y le ofrecí escribirle libretos. Me dio un par de pautas y me quedé una noche sin dormir para llevarle un libreto al día siguiente. Lo leyó, me hizo observaciones y me pidió que escribiera otro. Repetí la misma operación y obtuve el mismo resultado. Al tercer rechazo, me di por vencido.

Me presenté en la oficina del gerente de una importantísima agencia publicitaria y le representé algunos gags sin escatimar espectaculares acciones a lo largo y ancho de su despacho, tirándome al suelo, subiéndome a las sillas y brindándole un show que seguramente le habrá resultado muy divertido de un modo que no era el que yo buscaba.

Mi primer logro como autor fue cuando compuse una letra sobre la música del tango *Volver* para pedir en forma humorística un aumento de sueldo a mis jefes de "La Razón". Fue todo un éxito: se incrementó mi remuneración.

Mientras tanto, debido a mi relación con Graciela, iba

conociendo gente del "ambiente". Entre ellos, el director Juan Silbert, quien me tomó como asistente para un espectáculo teatral que dirigió. Por supuesto, no se salvó de conocer mis "gags". Le gustaron y un día me llamó por teléfono para que hiciera de libretista en un show televisivo que dirigía él. "Conseguite algún otro pibe amigo y tráiganme un libreto ya." Yo no conocía personalmente a ningún otro autor que no fuera yo, pero recordaba la grata impresión que me había producido un espectáculo de sainetes breves escritos por un tal Enrique Wernicke. Averigüé su teléfono, lo llamé y me encontré con alguien que mucho tiempo atrás había dejado de ser un "pibe". Comunista veterano y sincero, simpatizante del vino, con una mujer y una pequeña hija muy dulces, bohemio inveterado, muy buen escritor de novelas y cuentos premiados, necesitado del vil metal aceptó mi propuesta de trabajar juntos para la tele. Él fue mi primer maestro técnico e ideológico después de Miguelito Coronatto, un gran amigo. Me daba libros para leer y asumió cómodamente el rol de jefe del equipo. Nos divertimos mucho trabajando juntos y nos llevábamos bastante bien. Salieron al aire tres programas y cuando presentamos el cuarto nos echaron porque se trataba de un libreto con mucho humor negro y todavía no habían llegado desde USA *Los locos Adams* indicando el camino a imitar. La experiencia fue corta, pero suficiente para conocer muy pronto el contraste entre la ilusión y la patada en el culo que caracterizó mi relación con la tele durante muchos años.

LA POLÍTICA

Durante los dos primeros gobiernos peronistas pasé de niño a adolescente y lo que más me importaba eran las cuestiones sexuales y afectivas. La política nunca me había interesado demasiado: percibía aspectos desagradables: discursos demagógicos, autoritarismo, exacerbación del resentimiento y el fanatismo, culto a la personalidad, autobombo y discriminación partidista. "Para un peronista no hay nada mejor que otro peronista", "Perón, Perón, qué grande sos...", etc. Algunos de esos muchachos peronistas que se desprendían de las multitudinarias manifestaciones visitaban la cuadra de los "cambalaches" judíos en la cual vivíamos nosotros y apedreaban las vidrieras gritando feroces amenazas. Esas cosas no me gustaban y todavía no estaba en condiciones de comprender algunos aspectos socialmente positivos que brindó el peronismo (sin olvidarme de lo bien que le vino a mi viejo); por lo tanto, me resultó encantador que la gente "fina", la gente del "Petit Café", en una palabra, la gente que yo quería imitar de muchachito, saliera por la calle cantando "La Marsellesa" el día que llegaron Rojas y Lonardi para echar a Perón. El bombardeo de Plaza de Mayo por la Marina pocos meses antes me había parecido espantoso desde un punto de vista humano, pero mi desinformación e ignorancia no me permitían comprender su significado político.

Cantando "La Marsellesa" llegaron los gorilas, pero como a mí no me molestaban y mi vida circulaba por carriles no directamente relacionados con los sucesos políticos, me fueron resbalando injusticias, proscripciones, golpes y presidentes sin que me mortificara demasiado por tales vaivenes. Pasaron uniformes, pasaron civiles, pasaron artistas a pesar de la canción de Pinti, por ahí se votaba, por ahí no; todos esos sucesos eran decididos por personas que estaban lejos, muy lejos. Y cuando escuchaba, leía o veía lo que esas personas hablaban, todo lo que decían me resultaba vacío y retórico, puro verso.

A partir de ciertas lecturas no demasiado profundas ni numerosas, adquirí algunas rudimentarias nociones marxistas que, sumadas a mis propias reflexiones desde ese punto de vista, me fueron haciendo mirar la vida de otra manera. Tanto como para sentirme identificado con la gente que en la década del sesenta admiraba a Fidel y al "Che", censuraba la prohibición del peronismo y despreciaba a Illia por "blando", "inoperante" y "burgués". Todavía hoy me siguen resultando ridículos y mentirosos ciertos valores y formas institucionales de esto que llaman "democracia", pero reconozco la ceguera de quienes contribuimos, por lo menos intelectualmente, al clima general y coronel que alentó el nuevo golpe militar que tumbó a un presidente honesto, en un periodo en el que, comparando con el día en que esto se escribe (fin de la era menemista), los pobres casi no existían, la movilidad social era posible y la corrupción y la impunidad no eran hechos cotidianos, evidentes.

STANDARD ELECTRIC

No, esto no es un chivo, lamento decir. Esa marca auspició un ambicioso ciclo televisivo basado en una exuberante idea de Víctor P. Olivo, otro conocedor de mis gags.

Confiando en mis aptitudes, se jugó la vida haciéndome único responsable autoral de los libretos del ciclo. Habían convocado como director a Fernando Ayala, uno de los más prestigiosos realizadores cinematográficos de aquel momento. Cuando me enteré, sentí que estaba tocando el cine con las manos. Además, el elenco estaba integrado por las más rutilantes estrellas de la época. Una oportunidad impresionante. La idea era muy complicada: una estructura policial con una trama de la cual, en cada programa, debían surgir tres sospechosos de un delito para que los televidentes enviaran cartas diciendo quién era el culpable y así ganar grandes premios; al mismo tiempo, esa trama tenía que integrar números musicales, humor y una pareja de actores que conducían el programa entrando y saliendo de la historia. El primer libro me salió corto y hubo que estirar la parte de la exhibición de los premios para llenar el tiempo que faltaba. Dentro de los restantes once libros del ciclo hubo de todo, hasta alguno bastante pasable. Mérito no sólo mío, sino también de Ayala, junto a quien hice una muy valiosa práctica. El ciclo se terminó, pero en esta oportunidad la televisión no me dio una patada en el culo sino algunas ligeras palmadas en la nalga derecha mientras me iba acompañando hasta la puerta para que me fuera. No me podía quejar. Standard Electric me había otorgado una beca para seguir aprendiendo, algunas personas del medio empezaron a escuchar mi apellido y tuve suficiente corazón como para dejar "La Razón".

EL CASAMIENTO

No sé cuál fue el motivo para empezar a casarme. Me gustaba vivir solo. La relación con Gracielita marchaba muy bien. Iba a comer a su casa y miraba televisión en familia con ella y sus padres. No me faltaba ni extrañaba nada. Nadie me presionaba en ningún sentido. Había hecho mi primer trabajo importante como autor y tenía guardados unos pesitos que me permitían "respirar" hasta conseguir algún trabajo nuevo. Tenía apenas veintinueve años. Todo funcionaba perfectamente. ¿Cuál fue el desencadenante de mi decisión? ¿Qué extraña circunstancia motivó un acto tan trascendental? Lo único que recuerdo es una conversación con mi viejo. "¿Qué esperás para casarte? ¿Hasta cuándo pensás vivir solo? Mirá, vendé tu departamento, dame esa plata, yo te doy mi departamento que es más grande y me pagás lo que falta como vayas pudiendo." ¿Esa conversación tan simple y hasta un poco burda fue la causa de lo que hice? ¿Qué mensaje sutil contenían esas palabras aparentemente inofensivas? ¿Mi padre había sido trabajado mentalmente por Graciela sin que yo lo supiera? ¿O los padres de Graciela le rogaron para que intercediera ante mí? No creo. Lo concreto es que me casé y nos instalamos en lo que había sido el departamento de mi padre, su joven mujer y los dos pequeños hijos que constituían su nueva familia. Era una planta baja de tres ambientes, bastante oscura, en un edificio ubicado exactamente frente al Mercado de las flores, lo que me aseguraba un ruido y un movimiento tan continuos como infernales. Nuevamente volví a ser víctima del extraño sino de mi padre: vivir en lugares caóticos y estrepitosos; en esta oportunidad, el mercado mayorista de flores más grande de la ciudad. Allí, totalmente convencidos de que sería para siempre, libreta en mano, decoración de interiores al uso nostro pero con todo cariño e ilusión y hasta celebrando el hecho con amigos y algún pariente, Graciela y yo iniciamos nuestra primera aventura conyugal.

EL RETORNO DE MAMÁ

Más o menos por la época en que comencé a escribir para la tevé, mamá volvió a Buenos Aires. Se había escolaseado en el Casino su departamento de Mar del Plata, las joyas y hasta el último mango que le quedaba y se vino a vivir a un cuarto alquilado. Allí co-protagonizamos momentos muy intensos. Ella era, en buena medida, responsable de su circunstancia, pero no lo sabía o no quería saberlo. Yo, ignorante, incapaz de comprenderla, le reprochaba haberse jugado todo. Ella me acusaba de hacerla sufrir diciéndole lo mismo que mi padre; a mí se me despertaba un odio que me llenaba de culpa y derivaba en un sentimiento de lástima que otra vez se convertía en odio y volvía a tornarse culpa, y así sucesivamente hasta que nos abrazábamos llorando y ella terminaba consolándome a mí, los dos sintiéndonos víctimas del infortunio y las desgracias de la vida. Algunas veces, antes de hacer mutis, le entregaba unos pesos que mi viejo me había dado para ella. Mamá valoraba mucho ese gesto de su ex: "Ahora que está con esa puta me manda una limosna". Pero se quedaba con la "limosna" no sin antes emitir otro comentario habitual: "Esos hijos que tiene no son suyos. Él no puede tener hijos". Yo ya estaba entrenado para escuchar esos conceptos que me dolían más por la necesidad de mamá de expresarlos que por la posibilidad de no ser hijo genético de mi padre, alternativa que, por lo menos conscientemente, nunca me preocupó. Además, sus nuevos hijos eran muy parecidos a papá. Mucho más que yo, que me parecía más a Carlos Viván. Sin embargo, físicamente también tengo algo de papá. ¿En mi caso se habrán aliado sus respectivos espermatozoides?

LA VIDA Y LA FICCIÓN

Por una amiga me enteré de que en un nuevo canal de tevé iban a reponer un ciclo de programas unitarios muy prestigioso: *Historias de jóvenes*, bajo la dirección de otro renombrado realizador cinematográfico: Rodolfo Kuhn. Aceptaban libros de cualquier autor, conocido o no. Yo tenía presente la atmósfera depresiva, melancólica y escasamente humorística que caracterizaba a las emisiones anteriores del ciclo en otro canal. Si se trataba de escribir algo triste, ¿qué mejor material, qué historia de joven mejor conocida que la propia? Mamá envejeciendo sola en una pieza después de jugarse todo, sintiéndose abandonada, inútil y buscándose trabajos de "ama de llaves" para los cuales no estaba muy capacitada; papá en plena decadencia económica volviendo a hacer de peón en el mercado de Abasto, reventando su cuerpo con la exigencia adicional de colaborar con su esposa en el cuidado de los pequeños hijos, durmiendo poco y padeciendo la angustia del avance de los años junto a una mujer mucho más joven que él. Ambas situaciones conformaban un material muy bueno para escenas dolorosas. A ellas les agregué un joven protagonista sensible, solitario y necesitado de afecto, una fuerte dosis de autocompasión muy adecuada para recrear el clima buscado para el programa y algunas gotas de humor que se me escaparon inevitablemente por una propensión natural. Dejé el libreto sobre el escritorio de una oficina vacía por ausencia del ejecutivo a quien debía entregárselo. A los pocos días me llama el director del canal, Marcelo Simonetti; me felicita, me anuncia que mi libro inaugurará el ciclo y me cita para conocerme personalmente. Colgué y me morí de la emoción. Resucité tarareando jocundamente la Oda a la Alegría de la Novena de Beethoven, salté con un puño hacia el cielo y mi cabeza golpeó violentamente contra la punta de la puerta abierta de un placard. Me quedó de recuerdo un chichón que permaneció durante quince años en forma de quiste sebáceo y luego desapareció.

Mientras me aplicaba hielo en la zona afectada me quedé meditando largamente sobre ese libreto "serio", muy autobiográfico, que se emitiría en primer lugar dentro de un ciclo en el que colaboraban los más celebrados autores locales. Empecé a creer que yo también podría llegar a ser un escritor importante como ellos, con quienes empecé a conectarme personalmente a partir de mi primera visita a las oficinas del canal. Salió el primer programa al aire. Emoción aparte, el resultado no me gustó. Sin embargo, escribí un nuevo libro y lo dejé en la oficina de producción. Esta vez pasaron casi veinte días y no me llamó para felicitarme ni el portero del canal. Con mi amor propio lastimado y el consiguiente estado de nervios, me presenté en las instalaciones de la teleemisora y encaré a Kuhn en uno de los pasillos. Él no me conocía personalmente. Le dije mi apellido. No recordaba. Para refrescarle la memoria mencioné el libro que abrió el ciclo y aludí a la entrega del segundo tres semanas atrás. "Ah, sí, sí, no va. Ese libro no va. Escribite otro." Y se fue dejándome parado en el medio del pasillo. Volví a casa indignado, furioso, ofendido; Graciela asistió a una brillante demostración de mi capacidad para la queja obsesiva. Juré no escribir nunca más para ese "Kuhn de mierda". "¡Televisión de porquería, que ni siquiera se molestan en llamarme para decirme si un libro va o no va!" Durante varios días seguí mortificándome, decepcionado y amargado. De a poco me fui calmando y con la ayuda de Graciela entendí que debía intentar una vez más. Además, no tenía otro remedio. De algo había que vivir. Caí en cama, resfriado, y me puse a pensar una nueva idea para un libreto.

LA FIACA

Ahí fue cuando apareció la imagen del empleado ejemplar que un lunes a la mañana decide faltar al trabajo porque sí, porque se le da la gana. De inmediato pensé: "Esta idea es para teatro", y la guardé en un cajón. Para *Historias de jóvenes* se me ocurrió usar ese mismo personaje que no tenía ganas de ir a trabajar, pero diez años antes, cuando todavía era soltero y no había conseguido su primer empleo. *¿Qué cara pongo?* fue el título de ese libreto. Su protagonista, un muchacho muy tímido e inseguro que no sabe qué cara poner cuando tiene que entrevistarse con alguien importante para pedirle una recomendación.

Cualquier semejanza con el autor fue pura inconsciencia. Mi libreto nuevamente desplazó a los ya entregados por otros autores y se grabó de inmediato. Se recompuso mi ego y volví a tomarle cariño a la vida. Pero... (siempre hay un pero porque es una conjunción muy útil) todo se termina en la vida menos la muerte. El ciclo finalizó y yo quedé desocupado. Lo que ganaba Graciela no alcanzaba para todo. Mi viejo ya no podía hacer beneficencia conmigo porque su propia circunstancia económica era difícil. La situación se puso tan mal que hasta empecé a pensar en buscarme un trabajo en serio. La oficina, ese monstruo de mil relojes para marcar la entrada cuyas fauces devoran máquinas de escribir, ilusiones y columnas vertebrales, se me acercaba amenazante. El "sistema", la siniestra maquinaria de explotación e injusticia montada por el invasor imperialista en complicidad con los "cipayos" nativos, quería convertirme en una nueva víctima. Todo el mundo estaba en mi contra. Hasta Graciela comenzó a efectuarme planteos extraños, hablándome de responsabilidad, compromiso, compartir... El miedo a terminar como un oscuro empleado para siempre me comía la garganta. Todos esos factores: miedo al empleo eterno y a la rutina sin salida, falta de guita, la creencia en que el sistema determinaba absolutamente lo que era cada uno, mi hartazgo del autoritarismo militar de entonces y una fuerte necesidad de rebelarme contra pautas, valores, modelos de vida, hipocresías y, sobre todo y sin saberlo en ese momento, contra mi propio miedo, determinaron que sacara aquella idea del cajón y me pusiera a escribirla bajo el título de *El faltazo*. Terminada una primera versión, empecé a leérsela a los amigos. Una de ellos, Beatriz Matar, me sugirió que le pusiera *La fiaca*. Otro amigo, el "Chiquito" Marchi, la llevó al desaparecido teatro San Telmo de Lydé Lisant, y el autor y director Carlos Gorostiza decidió ponerla en escena.

LA HISTORIA DEL DERECHO

Unos meses antes del estreno de la obra, en el mediodía de un hermoso sábado de sol, cielo azul, palomas, pajaritos volando, niños jugando... yo estaba sentado en una plaza leyendo un libro. Hacía tiempo para luego ir a almorzar a la casa de mis suegros, donde ya se encontraba Gracielita. Leía, tranquilamente entregado a la cultura, cuando de pronto advierto que por la vereda de enfrente viene circulando una atractiva chica a la cual no veía desde muchos años atrás. Cierro el libro, me descruzo de piernas y corro atléticamente hacia su encuentro. La saludo y finjo interesarme por su familia mientras observo que continúa manteniendo sus muy agradables formas. La cosa no pasa de un fraternal reencuentro, me despido, ella sigue su camino y yo retorno a la cultura dirigiéndome a mi asiento en la plaza. Abro el libro, comienzo a leer y empieza el dolor. De entrada no le di pelota. Uno tantas veces se aprieta sin darse cuenta... Sacudí un poco la pierna derecha y traté de seguir leyendo. El dolor seguía. Sacudí la pierna izquierda, a ver si por la ley de los opuestos pasaba algo. Nada. La plaza estaba llena de gente. Efectué unas breves y furtivas flexiones que disimulé de inmediato retomando la lectura. El dolor crecía. Pensé: "Me voy caminando hasta lo de mis suegros, a ver si caminando se me pasa". No pasaba. A mitad de camino me jugué entero: me detuve y metí una mano en el bolsillo. Toqué algo duro, me hice el gil y seguí caminando. Llego a lo de mis parientes políticos, saludo y pretendo ocultar mi estado. "¿Qué le pasa? ¿Se siente mal?", pregunta mi suegra. "No, señora, no me pasa nada... Un dolorcito de... estómago." "Ah, entonces siéntese y cómase un par de huevos duros que..." "¡No los mencione, señora, por favor...!", grité angustiado ante el asombro general y corrí hacia un cuarto para bajarme los pantalones y mirar MI huevo duro. Ese testículo era una escafandra, un zapallo, un gigantesco dado cuyas puntas estiraban la piel hasta conformar un cubilete grotesco. Aterrorizado, asqueado, muerto de dolor, llamé a los gritos a Graciela y a su padre para que vinieran a ver el fenómeno. Tuve que parar a la madre para que no viniera. Gracielita, al verme, lanzó una exclamación contenida. El padre, muy nervioso, sólo musitaba: "Al hospital, al hospital...". "¡Al hospital no!", clamé airadamente, temeroso de ir a parar a una sala de guardia para caer vaya uno a saber en qué manos dispuestas a meter cuchillo para solucionar el problema. Llamé a mi médico clínico. No estaba. Yo era socio de una prepaga, pero no había traído el carnet. Súbitamente recordé a mi amigo Blas, de profesión psicoanalista. "¡Él seguro que no me opera!" Por teléfono, y cuidando pudorosamente que no me escuchara la mamá de Graciela, le expliqué mi accidente testicular. Como estaba con un paciente y no podía romper su ortodoxia psicoanalítica, me pidió que fuera a verlo una hora después. ¡Una hora con ese dolor! Yo estaba dispuesto a soportarlo como un héroe, pero, ustedes saben, para ser un héroe hay que tener mucho huevo, así que a los diez minutos del llamado estaba en el piso de un taxi, hecho un ovillo por el dolor, rumbo al consultorio de Blas en compañía de Graciela y su padre.

Llegamos al coqueto petit-hotel donde atendía Blas, me bajé del taxi rodando hasta la puerta de la casa, mi suegro tocó el timbre, Blas abrió, lo saludé con una mano desde el suelo y por fin logré conmoverlo: rompió la ortodoxia, sacó a su paciente del diván y me puso a mí en su lugar. Me bajé los pantalones, los calzoncillos, Blas me miró largamente con una mirada no exenta de cierta ternura viril y me dijo dos palabras que jamás olvidaré: "Al Tornú". Decirme que me querían llevar al hospital Tornú fue como si me dijeran "Vení, vamos a dar una vuelta por la morgue a ver si te morís un rato". "¡Al Tornú no, al Tornú no!", supliqué desesperado. "No seas cagón, allí en la guardia tengo un médico amigo. Yo no sé lo que tenés. Mejor que te revise él."

Sala de guardia del Tornú. El amigo de Blas me revisa. "Sí, hay que operar." "¿Por qué?", pregunté sin poder creer lo que había escuchado. "Se te hizo una torsión en el pedículo del testículo." Me desconcerté: "¿Qué? ¿Me hacés versitos ahora?". "Te explico: el pedículo es un cordón de arterias y venas por las cuales circula la sangre. Se te ha hecho un nudo, la sangre no circula libremente y si no se opera antes de seis horas se gangrena y perdés el testículo." Decidí operarme en el acto. Me internan en una sala espantosa donde estaban todos desahuciados, tal como me imaginaba una sala del Tornú. Van a buscar al médico de huevo y no lo encuentran. Llaman a otro médico de huevo y tampoco aparece. No hay médicos de huevos en Buenos Aires. Se cortó la mayonesa. Y el dolor que seguía. ¡Y el huevo que se pudría! Por fin a Graciela se le ocurre que, a pesar de no tener el carnet encima, me lleven al Instituto del cual era socio. En la sala de urología, después de revisarme, con mi testículo en su mano, un médico joven confirma el diagnóstico escuchado en el Tornú y me sentencia a cirugía urgente. Aparece otro médico, veterano, agarra el testículo, lo revisa y diagnostica "hernia". El joven profesional insiste: "Torsión". Se inicia un agitado debate durante el cual los facultativos se alternan en la posesión del testículo mientras polemizan sobre el diagnóstico: "¡Hernia, torsión, hernia, torsión, hernia, torsión!". Mi genital, de mano en mano, sumamente complacido con esa especie de masaje que le estaban haciendo, comienza a sentirse mejor, muy a gusto, cómodo, bien atendido, aliviado y de pronto... se me fue el dolor. Me curé de golpe. ¿Se puede ser tan mimoso?

EL ESTRENO

Néstor Vignale, el personaje protagónico de *La fiaca*, marcha trágicamente detrás del medio sándwich con que lo tienta el Gerente para que vuelva a trabajar. Apagón. Fue impresionante. En ningún estreno de obras propias o ajenas volví a escuchar parecidas reacciones del público a lo largo de la representación. Explosiones de risa, ovaciones estruendosas, diez o doce aplausos a telón abierto. Los espectadores aullaban en los finales de cuadro, sobre todo en la escena del juego infantil de los grandulones. Y al terminar la obra... Bueno, más que un auditorio teatral parecía una tribuna futbolera. El público rugió pidiendo al autor y me vi obligado, sin mucha resistencia de mi parte, a subir al escenario para saludar. ¡Qué placer, cuánta timidez, qué vergüenza...! Me sentía merecedor y al mismo tiempo incrédulo respecto a mi capacidad autoral. Mi gratitud hacia el director y el elenco era ilimitada. Después, en el patio de camarines, los elogios y halagos de la gente del "ambiente" hicieron las delicias de mi ego.

En realidad, *La fiaca* se estrenó en Chile antes que en Buenos Aires. Invitados al estreno, Graciela y yo tuvimos nuestro bautismo de vuelo. Para enfrentar nuestro terror al avión, mejor dicho para eludirlo, ingerimos una importante cantidad de Valium 5 que nos permitió llegar al aeropuerto totalmente dormidos. No despiertos del todo realizamos los trámites previos al embarque y con los ojos entrecerrados subimos al avión y bebimos sustancias alcohólicas que nos remataron como para poder atravesar los Andes sin saberlo.

Al otro lado de la cordillera nos esperaba nuestro primer terremoto. Fue justamente en la madrugada posterior al estreno de *La fiaca*. Después de las satisfacciones del caso y de las consiguientes libaciones, nos dormimos profundamente. Soñé que estaba escuchando un fuerte ruido de vidrios estremeciéndose. Me desperté y todo estaba quieto y silencioso en el cuarto del hotel. Graciela dormía plácidamente. Como estaba excitado por el estreno y por la supuesta pesadilla, acudí una vez más a los benéficos efectos del Valium 5 y hasta mañana.

"¿Y, huevón, sentiste el terremoto?", me dijo Jaime Celedón, el simpático director del grupo, cuando nos encontramos al día siguiente. Aquel ruido de vidrios no había sido un sueño. ¡Podría haberme muerto sin darme cuenta! ¡Ahijuna, muerte traidora, que agarra al gaucho desprevenido cuando está disfrutando el estreno de su primera obra en el extranjero! Todavía hoy, después de haber padecido otras sacudidas telúricas a través de los años, cada vez que me encuentro en una zona sísmica recuerdo con frecuencia la posibilidad de una catástrofe.

CARTA AL MIEDO

Mi querido y viejo compañero:

¿Cuánto tiempo hace que nos conocemos? Qué sé yo... Desde que tengo uso de razón, aunque la razón es lo contrario del miedo, dicen, pero a mí me parece que vos muchas veces tenés razón, porque si no uno marcharía por la vida sin cuidados ni precauciones, exponiéndonos a numerosos peligros, accidentes y problemas de toda clase. Te ponés jodido cuando exagerás y me hacés entrar en pánico sin justificación alguna. Eso no me gusta. Ni tampoco que te metas en mi vida con demasiada frecuencia. No te ofendas. No es que no quiera verte nunca más. Vos sabés que yo siempre te llevo en mi corazón. ¿O en mi mente?... Te conozco, ¿eh, picarón...? ¡Atorrante... los sustos que me hiciste pegar! La pasás bien conmigo, eh... ¿Te acordás del terremoto del '77 en Buenos Aires? Hiciste que la gente bajara a la calle en calzoncillos. Yo me quedé rezando hasta que pasó. En ese momento no estabas. Apareciste después, como cuando volqué con aquella camioneta. Sí, vos estás antes o después de los hechos. Cuando están pasando, te borrás. ¿Viste cómo te conozco? Vos aparecés cuando deseo conseguir algo, obtener un resultado, ganar. Ahí me entra el miedo a perder, a no lograr lo que deseo. El deseo... Ése me parece que es tu papá, miedo. ¿Mi miedo a la muerte no será hijo de mi deseo de no morir? ¡No te rajés, gallina! No tengas miedo, miedo, que no te voy a dejar. No podría vivir sin vos, me sentiría muy extraño. ¿Te imaginás? Vivir sin sobresaltos, sin angustias ni preocupaciones, feliz de estar vivo y sin inquietarme ante la idea de mi propia muerte. ¡Increíble! ¡El Superhombre!... Pero no, yo soy Clark Kent en la oficina. Quedate tranquilo, que yo no te fallo. Si de vez en cuando me olvido un poco de vos, no creas que no me importás o que ya no te quiero. Vos seguí firme en lo tuyo que conmigo nunca te van a faltar oportunidades de asustarme. Haceme pensar en posibles enfermedades, contame las últimas novedades en materia de males, calamidades y catástrofes, describime detalles bien macabros de algún hecho espantoso, alertame sobre peligros, rivales y enemigos... Te gusta, ¿eh? Ya te veo sonriendo, disfrutando de antemano... ¡Ah, miedo, qué harto me tenés! ¡Qué ganas de borrarte de mi vida para siempre! ¡Sí, lo que escuchaste! Aunque no te guste, ésa es la verdad. Hasta aquí me hacía el gracioso para gustarte, para caerte simpático, por miedo. Pero no quiero tenerte más miedo, miedo. No quiero ocultarte ni respetarte. ¡No quiero tener más miedo a fallar, a equivocarme, a no resultar brillante y atractivo, a que no me quieran, a que se enojen y me dejen, a quedarme solo, a que me vaya mal de guita, envejecer, sufrir, el Apocalipsis, el sida, los gatillos fáciles y los difíciles, los médicos, las picadas (de autos), los ajustes económicos, la devaluación en Brasil, la recesión, la hiperinflación, la desocupación, la globalización y...! ¡¡¡Basta!!! ¡¡¡Dejame tranquilo aunque sea por un rato, querés!!!

EL DRAMATURGO

Así me calificaban. De la noche a la mañana me convertí en el autor nacional del momento, el *boom* del año... ¡"Dra-ma-tur-go"! ¿Qué tal? Notas, entrevistas, mesas redondas, la tele, fotos en "Gente" a todo color... Caminaba de noche por la calle Corrientes y algunas personas del medio me saludaban de vereda a vereda, como si yo fuese un paladín de la independencia latinoamericana: "¡Bien, Talesnik! ¡Bravo, Talesnik!". Era lindo creérsela. Aunque no todo lo que escuchaba eran elogios y halagos... "En la próxima te quiero ver..." "Tener semejante éxito con tu primera obra no te lo perdonan más..." "Talesnik es autor de una sola obra..." "*La fiaca* tiene demasiados apagones, parece televisión..." "El segundo acto no es tan bueno como el primero..." Esas alentadoras expresiones lograban sembrar fecundas dudas en el fértil terreno de mi inseguridad. En el ambiente digamos artístico suele decirse que alguien "se merece" el éxito cuando lo alcanza después de años de esfuerzos, sacrificios, sufrimientos, frustraciones, humillaciones y cositas por el estilo. Si no se pasa por la antesala del infierno, el cielo no tiene gracia. Por lo tanto, también desde ese punto de vista yo no había hecho nada para merecer semejante suceso. En parte lo disfrutaba: fama, dinero, ofertas de trabajo... Pero secretamente dudaba de mi capacidad y mis méritos. Sin embargo, el tema que dominó mi vida volvía a imponerse sobre cualquier otra inquietud.

¿QUÉ ES ESO LLAMADO "AMOR"?

Mi pareja con Gracielita ya venía mal. No funcionaban la cama ni la comunicación y nosotros creíamos que eran cuestiones separadas. Alojamos a mi madre durante un tiempo y su presencia no contribuyó a la armonía conyugal. Encima, *La fiaca* explotó como una bomba en el medio de nuestra conflictuada relación. Yo no supe o no pude compartir el éxito con Graciela, a quien veía extraña, distante, para nada contenta. A lo mejor yo debería haberme puesto en su lugar para tratar de comprenderla. Ese ignoto aprendiz de escritor con el que se casó siendo una actriz en ascenso se convirtió de golpe en el autor teatral del momento. Ninguno de los dos estaba preparado para semejante cambio. Y yo me ofendí porque mi éxito no la volvió loca de alegría. Me sentí solo, lastimado y con una gran necesidad de sentir la felicidad completa: para lograrla sólo me faltaba estar bien en el "amor", al que veía como un hecho externo a mí, que debería ser, inexorablemente, la consecuencia de conocer a otra persona.

Todas las noches iba al teatro no sólo para ver la representación; me encantaba mirar los tableros de las entradas llenos de agujeritos vacíos y, asomado al hall desde la oficina de la dirección de la sala, disfrutar de las miradas que me reconocían, en especial las provenientes de ojos femeninos. Una noche, el "amor" llegó para quedarse. Se llamaba Camila. Alguien me la presentó, fuimos a tomar algo y a los diez minutos me miró fijo y me anunció: "Vos y yo nos vamos a hacer mierda". Me enamoré en el acto. Me tocó el corazón con las palabras justas. Pero a los cuatro días de conocerla, franco y honesto, se lo conté a mi mujer. En

Nochebuena. Los dos solos en la cocina. Pasamos una Navidad... diferente. Y mi corazón se partió en dos pedazos. Un pedazo se quería ir con la chica. Otro pedazo se quería quedar con mi mujer. Ninguna de las dos se conformaba con un pedazo solo. Por suerte me salió una beca para viajar a los Estados Unidos y... ¡Hacia allá partí! No sin antes decirle a cada una que a mi regreso dejaría a la otra.

NEW YORK-NEW YORK

Primera semana en The Big Apple. Conozco a una chica, una *american girl*. Me invita a su *apartment*, a tomar un "bourbon" (una especie de whisky)... Nevaba... *Snowing through the window... American music... American dancing... American cheek to cheek...* ¡Cómo me enamoré de la americana y me olvidé de las dos de Buenos Aires! Esa noche no pasó nada. "*Call me on saturday*", me dice la americana. "*Okey, baby. I'll call you*", le dije.

I called her. "Hello, sweet heart, is Ricardo speaking..." "¿Ricardo?", preguntó extrañada. "*¿You don't remember? The argentine writer... Blue eyes...*" ¡No se acordaba y me cortó!... ¡Imperialista roñosa! *Go home*, yanquis! ¡En el acto me enamoré de vuelta de las dos de Buenos Aires! ¡Le di una lección a esa americana sin sentimientos! Y seguí el viaje comprando regalos para las dos, escribiéndoles a las dos y confirmándoles que a mi regreso... ¡sonaba una!

EL REGRESO

Antes de tocar tierra argentina pasé por México y me fui a Acapulco para tocar otras cosas. En cuatro días logré la conquista y posesión de una americana y una canadiense. Feliz con mi exitoso debut internacional, embarqué rumbo a la Patria.

Ezeiza. Me están esperando Gracielita y un grupo de amigos. La noto rara. Ahí no se podía hablar ni una palabra, así que me comí la impresión hasta que llegamos a casa. En un clima tenso, comienzo a desempacar y sigo viéndola muy rara. Por fin no aguanto más y le pregunto:

—¿Qué te pasa?

—Nada.

—¿Cómo nada? A vos te pasa algo.

—No... —dijo muy nerviosa, sin convicción. Su dificultad en expresar lo que le pasaba me heló la sangre. Estremecido, le pregunté con más énfasis:

—¡¿Qué te pasa?!

—Bueno... —empezó. Y sentí que iba a escuchar algo muy feo—. Cuando me fui a Villa Gesell... ¿te acordás que te conté en una carta?

—¡Sí, sí! —respondí con urgencia.

—Bueno, eh... Resulta que conocí a un chico y...

—¡¡¡¿¿¿Te encamaste???!!!

La pérfida bajó la cabeza, asintiendo.

Herido en lo más hondo de mi dignidad masculina, le clavé un:

—¡¡¡¿¿¿Gozaste???!!!

La muy asquerosa, la perra traidora, asintió. Me volví a enamorar de mi mujer en el acto y me olvidé de Camila totalmente. Le supliqué el regreso al amor, al hogar, la familia.

—¡No! ¡Quiero al chico!

Reaccioné como hombre, carajo, y le di una cachetada. Para qué. Nunca vi ni escuché tanto odio junto.

—¡¡¡Me vooooy!!! —exclamó furiosa y dispuesta a ejecutar su anuncio en ese mismo instante. Le rogué perdón, que por favor me conmutara la pena. Fue inútil. Nada la hacía más feliz que abandonarme. Un último gesto de hombría surgió de mi interior:

—Quedate. El que se va soy yo.

Me daba menos miedo, me sentía mejor sabiendo que ella estaba en casa y yo afuera.

DISFRUTANDO EL ÉXITO

Le alquilé un depto de un ambiente a Carlos Gorostiza. Allí, encerrado, a puro Valium, me pasaba las horas esperando el llamado de Graciela para escucharle decir que no andaba más con el chico y que me quería a mí. Desenamorado totalmente de Camila desde el preciso instante en que Graciela me escupió en la cara su relación con el chico, me sentía solo, abandonado. ¡Me tenía una lástima...! Ni se me ocurrió pensar que a lo mejor Graciela estaba viviendo el efecto generado por la confesión que le regalé en Nochebuena. ¿El autor de *La fiaca*, el joven dramaturgo de los ojos color de cielo era un cornudo? ¡No! ¡Jamás! Nadie debía enterarse. Era imperativo mantener la imagen de triunfador brillante y feliz. Esconder la verdad, disimular, fingir. El dramaturgo se estaba separando porque "la cosa no daba para más".

Por otra parte, llamé a Camila para decirle que por fin me había separado, dicho con tono de tipo con bolas que plantó a su mujer para irse con "la otra". Camila no lo podía creer. Nos encontramos para festejar en un hotel. Mi objetivo era volver a enamorarme de ella para desenamorarme de Gracielita. No lo logré, Camila se dio cuenta y me cortó el rostro. Pensar que en USA yo pensaba a cuál de las dos haría sonar. Soné yo.

Solo, desvalorizado, ansioso a muerte, sin poder gozar el logro excepcional de *La fiaca* en todos los aspectos, seguía esperando el mágico llamado de Gracielita para que todo volviera a ser como antes. Un día, sucede; me llama y me dice: "Te quiero". Sonaron las campanas, cantaron los pajaritos, sonrieron todos los soles y me rodearon montones de angelitos con los culitos gordos y rosados. Nos citamos en el restorán al que íbamos siempre. Todo volvería a ser como antes. La veo llegar con expresión "rara", la misma de aquella vez en el aeropuerto.

–¿Qué te pasa? –le pregunto con una pelota en el estómago.

–Esta tarde me llamó el chico y...

–¡Basta! –exploté.

–Esperá, vayamos a tu departamento –me dice con claras intenciones sexuales. Un test erótico definiría si se quedaba con el chico o conmigo. Me jugué y allá fuimos. Ganó el chico.

SOLEDAD

Me siento una basura en pleno éxito de *La fiaca*. A nadie le puedo contar mi desgracia, por orgullo y para que no se desdibuje la imagen triunfadora. Sin embargo, una tarde salgo del ascensor y me encuentro con un conocido que vivía en el mismo edificio. Me dice "Hola" y me largo a llorar contándole mis tormentos. Gracias a su recomendación visité por primera vez a un psicoanalista. Me cayó bien pero no me acuerdo por qué no me pudo seguir atendiendo. Después fui a otro que se me durmió en plena sesión y me fui ofendido. Pasé un ratito por lo de un gordo pelado y distante y culminé mi periplo sentado frente a un famoso profesional que, después de escuchar el relato de mis dolores, miedos y desventuras, tuvo la osadía de decirme: "Usted está muy enfermo". Ése fue su primer y último comentario sobre mi persona.

LA RECONSTRUCCIÓN

Separado de Gracielita para siempre, y después de un corto periodo de soledad afectiva, vuelvo a verme con Camila. Ella se había operado un quiste, la fui a visitar a la clínica, estaba caidita, yo también, no podíamos hacer el amor pero la madre hacía unas paellas espectaculares, había hermanos, padres, una abuela, una casita suburbana.... La relación se reinició con un viraje más tierno y llegamos a la conclusión de que queríamos vivir juntos para siempre.

CHAU SOLTEROS, HOLA CUCARACHAS

No sé de quién fue la idea. Los padres de Camila, su hermana y marido y tres o cuatro matrimonios desconocidos nos hicieron una despedida de solteros en la casita suburbana de alguno de ellos. Después del café empezaron a cargarme, me agarraron entre varios de los brazos, me tiraron al suelo, algunas mujeres me abrieron la bragueta y los hombres me entalcaron de pies a cabeza. Yo pensaba: "si me resisto se puede generar una violencia muy desagradable". Me la banqué fingiendo gozar la supuesta diversión y cuando más tarde me quedé a solas con Camila nos peleamos y se acabó el proyecto de convivencia. Por un tiempito. Lo retomamos y salimos a buscar un departamento en alquiler.

Recoleta. Un viejo edificio de categoría. Elegante, señorial. Un antiguo ascensor, una antigua escalera, una antigua y bella puerta de madera trabajada... El sonriente intermediario nos hizo pasar. Recorrimos con satisfacción los tres ambientes y otras dependencias. Allí mismo dejé una seña y nos retiramos felices.

Un rato después, sentados en el departamento donde viví con Gracielita y que había vuelto a ocupar yo, evocábamos con placer el soñado y señado departamento. Camila se levantó a buscar algo en su cartera y lo que encontró la hizo chillar como personaje a punto de ser asesinado en una película de terror. El grito me arrancó del sillón y mis ojos hicieron un violento *zoom* a una cucaracha negra y enorme que salía de la cartera que Camila ya había arrojado al suelo. Ésa fue la primera. A continuación irrumpieron sus compañeras, tan negras y grandes como ella. Las muy asquerosas se habían metido en la cartera que Camila dejó en algún lado mientras recorríamos el viejo departamento. Era una familia numerosa y disciplinada. Bifurcaron sus caminos en forma organizada y se perdieron por diversos rincones. Cuando salimos de la estupefacción, empezamos la caza. Armados con un cucarachicida y un cepillo, atacamos a las invasoras con asco y furia. Las fuimos asesinando una por una, limpiamos los rastros de la matanza y más tarde nos sentamos a comer. Ahí nos enteramos de que nos había quedado una sin matar. Buen provecho.

Lo de las cucarachas nos puso mal. Es como que lo que pasó tenía una carga simbólica muy fuerte, ¿viste? Como si fuera un mensaje diciéndote: "Mmm... ¡Qué mal que viene esto..!". Por supuesto, perdimos la seña y entonces lo simbólico se tornó fuertemente realista. Nos sentimos tan mal que volvimos a separarnos, pero nos sentíamos peor. La salida fue proponerle a Camila que, provisoriamente, viviéramos donde estaba yo.

AHORA SÍ

Por fin la felicidad casi total: salud, afecto, sexo, comida, fama, guita y compañía. *¡Ahora sólo me falta demostrarle a todo el mundo que no soy "autor de una sola obra", que puedo escribir una sin apagones y que no soy un autor "exitista y comercial" como dicen algunos!* Escribí *Cien veces no debo*, una pieza que le daba duro a la institución familiar. Modestamente, al "Sistema". Al mismo tiempo escribía un espectáculo en sketches, *El avión negro*, junto a Tito Cossa, Germán Rozenmacher y Carlos Somigliana. El tema era una conjetura sobre las reacciones de diversos sectores de la sociedad ante un eventual retorno al país de quien era en ese entonces, bajo un autoritario y ferozmente antiperonista gobierno militar, el Máximo Indeseado, el General ex presidente cuyo nombre no se podía pronunciar por expresa prohibición oficial. Pocos días antes de estrenar fue asesinado el general Aramburu. El clima estaba muy calentito. Nosotros decíamos: "Si no vamos en cana, reventamos la sala. La gente se va a venir en malón".

LA IMAGEN ANTE TODO

Mientras se ensayaban las dos obras mencionadas, me cita Alberto González, el *manager* del teatro Maipo, y me propone escribir y dirigir una revista, género considerado menor en aquel entonces, un entretenimiento meramente "comercial". Muchas personas miraban con desconfianza el éxito económico de un trabajo artístico. A mí me pasaba lo mismo hasta que empecé a ganar guita con *La fiaca*, pero todavía me importaba mucho mantener la imagen de autor prestigioso a pesar del éxito. Los críticos más exigentes no miraban con buenos ojos al Maipo; la "intelligentzia", con la cual yo me seguía sintiendo identificado, tampoco. Si aceptaba la propuesta me "quemaba". El *manager* insistía. Yo tenía ganas de agarrar. Mamé la revista desde chico. Vi a los grandes. Amaba y amo el género. Sin embargo, el prejuicio, el temor a degradar mi imagen de "dramaturgo", mi sometimiento al qué dirán, fueron más fuertes que mis ganas de hacerlo. Pero Alberto González insistía: "Mirá, escribite dos sketches en negro, sin figurar, y te doy el tres por ciento del bruto". Sus palabras me conmovieron y acepté.

Los días de cobro salía del teatro mirando hacia todos lados para no ser descubierto, como un ladrón en fuga. Se

acercaban los estrenos de las dos obras que me consagra-
rían como un autor serio, ideológico y prestigioso. Mi
"conciencia" no soportó más la contradicción y renuncié a
seguir cobrando en el Maipo. Dejé que siguieran haciendo mis sketches pero no percibí ni un peso más. Cuando
le comuniqué mi decisión a González se me quedó mirando con cierta piedad.

PADRE

Yo, el día que tenga un hijo, no me separo más. Eso pensé durante toda mi vida de soltero. No quería que él o ella
repitiera mi desdicha de vivir con padres digamos desuni-
dos. Además, me asustaban el compromiso y la responsabilidad de tener un hijo, no me gustaban ni me gustan los
gritos, los ruidos y perder comodidades. Y en aquel momento los chicos-chiquitos no me hacían ni fu ni fa. A pesar de estas dificultades Camila me convenció y yo traté de
cumplir mi agradable tarea con el mayor esmero y dedica-
ción, pero ella no quedaba. Insistíamos. Y no quedaba. Al
médico. Yo; no Cami. Investigación espermática previo re-
cogimiento en un frasco. Espermatozoides OK. A seguir
trabajando. Y estrenando.

ACÁ ESTOY, SEÑORES

Después de mi histórico renunciamiento a ese asquero-
so dinero del Maipo, iba a los ensayos de *Cien veces no debo* con la frente bien alta. De común acuerdo con el direc-

tor y el elenco, le quitábamos a la obra todo chiste que no estuviera ideológicamente fundamentado. Nada de concesiones. *No tanta risa, señores, que nosotros no estamos acá para divertirlos sino para darles duro.* Estrenamos y empezamos a darles tan duro que el público dejó de venir.

Fracasado pero con orgullo, asistí fruncido y heroico al estreno de *El avión negro*. Noche de gloria y temporada con pena. En ambos trabajos había logrado mi objetivo: demostrar que no era un autor comercial. Un crítico de "Primera Plana", la revista "pope" de aquel momento, dijo peyorativamente a propósito de *Cien veces no debo*: "...los diálogos parecen escritos para el Maipo". Mi moraleja es la que sigue:

EL QUÉ DIRÁN

Desde muy pequeño le preocupaba el qué dirán. No hacía nada sin pensar antes qué podían opinar sus padres, alguna tía, un vecino o la maestra. Fue creciendo con la certidumbre de que su existencia dependía más de la opinión ajena que de la propia. Su vida tenía sentido sólo en la medida en que fuera aprobada por los demás. Los juicios de compañeros de estudios, novias y personas con autoridad modificaban sus estados de ánimo hasta extremos increíbles. Y a tal punto llegó su sometimiento al juicio ajeno que, ya siendo adulto, comenzó a creer que toda manifestación de los otros se refería inevitablemente a su persona. Una noche, en una reunión, alguien dijo con tono quejoso "Qué calor que hace", y él se ofendió. De vacaciones en una playa, agredió a un vendedor ambulante porque le gritó "¡Calentito los panchos!". En cierta oportunidad que caminaba por la calle, un chico de unos seis años lo miró y se rió; tuvieron que sacárselo de las manos para que no lo matara.

Por estar pendiente de la mirada ajena, fue perdiendo su capacidad de visión. Observando las reacciones de los demás, disminuyeron en grado sumo sus propios reflejos y reacciones. Escuchando las otras voces, se fue apagando la suya. Y de tanto vivir al acecho del qué dirán, se quedó sin nada para decir.

EL AÑO DEL CHANCHO

Mi año del Chancho de 1971 empezó a finales del '70, después del Mundial de fútbol que ganó Brasil. *¡Uy, mi vieja!... Hace un montón de páginas que no la nombro.* Por esa época ya estaba viviendo en el departamento que le compré con la guita de *La guita*, un libreto de cine escrito con Jorge García Alonso. *Hasta luego, mamá.*

Cuando agonizaba de público *Cien veces...* –la historia de una chica que queda embarazada y no sabe de quién–, Camila "quedó" y mi viejo se enfermó. Acá no hay sonrisas posibles.

Dirijo *La fiaca* en Río de Janeiro, una mujer me invita a su departamento, me prepara una "cachimba" de marihuana y despegamos para el vuelo. Primero hicimos escala en la risa. Nos reímos y reímos sin parar... *Qué raro. Pienso en mi viejo enfermo y no sufro como en Buenos Aires.* Después continué el vuelo ingresando en zona de sexo con mi compañera de viaje, que se fue convirtiendo en distintas mujeres: rubias, morenas, pelirrojas, flacas, carnosas, altas, bajas... Hice el amor con todas las mujeres del mundo estando con una sola, de la que no me acuerdo la cara, y me dormí. A la mañana, ella me despierta con mucho cariño, expresa lo bien que la pasó y me felicita por mi *performance* cuantitativa. Me quedé asombrado. Según sus datos, yo había superado marcas logradas sólo al comienzo de mis relaciones más importantes. *Me enamoré,* pensé aterrorizado. *Mi mujer en Buenos Aires esperando un hijo y yo enamorado en Brasil. ¡No puede ser!* A la noche fuimos a comer y le pregunté si era común que la yerba causara semejante estado mental y sexual. Respondió que no, que sólo amplificaba los sentimientos que ya existían. *¿Ah, sí?* Le propuse repetir la experiencia. *Vamos a ver si me pasa lo mismo.* No. Nada que ver. Salió una encamadita de rutina. *Me salvé. No estoy enamorado. Está todo en orden.*

Perdón, Camila; perdón, Laura. Yo tampoco lo quiero a ese Ricardo. No por haber sido "infiel", sino por confundido e ignorante acerca de sí mismo. Mi padre se estaba yendo de esta vida y Laura llegaba después que la segunda obra del autor de *La fiaca* no le sirvió para demostrar nada. Demasiada angustia para tan poca conciencia. Yo era un corredor de velocidad debutando en tres competencias al mismo tiempo: la Copa "Primera muerte de un Ser Querido", el Torneo "Primera Hija" y la carrera "Fracaso después de un gran éxito". ¡Y no lo sabía! Corría y corría llevado por la energía y la resistencia de mi ansiedad y de paso distrayéndome gracias al brote de niño bonito e inseguro que necesita reconfirmar su capacidad de seducción. En realidad, yo necesitaba un médico.

22 de febrero de 1971. Nace Laura y empiezo a escribir

Los japoneses no esperan, la historia de un marido que escapa de su esposa y su hijo para irse con otra mujer. Interesante, ¿verdad, doctor? Le digo más: mientras escribía el personaje masculino yo sabía que estaba hablando de mí. Necesitaba expresar mi confusión, mis inquietudes y sufrimientos. Me usé esta vez conscientemente para sumergirme en todo ese caos de deseos, reacciones, temores, pensamientos y sentimientos contradictorios al que denominaba "Yo", como si fuera una identidad clara e integrada. El acto de escribir se me convertía en un medio de autoindagación y búsqueda personal. ¿Me entiende, doctor? En medio de la vorágine caótica de mi vida afectiva y profesional, la escritura era una antena que me orientaba en ese andar a ciegas, tironeado de aquí para allá por mis impulsos y ansiedades.

Por fin nos mudamos con la bebé a un departamento agradable y luminoso. Sigo escribiendo la obra del marido que no se puede ir con "la otra" porque su mujer lo encierra con llave y corta todas las comunicaciones con el exterior. Y confieso con vergüenza que por vergüenza no firmé el libro que escribí para *La gran ruta*, una producción cinematográfica tipo *Hotel alojamiento*. Firmé con seudónimo y tuve en ¡"Primera Plana"! una de las mejores críticas de mi vida.

Con diferencia de días, en agosto, mueren mi padre y Carlos Viván. Abraham y Carlitos. El Ruso del Abasto y el primo de Spencer Tracy. *Carlitos era bueno conmigo. Yo le admiraba la pinta, el ser conocido, los amigos famosos. Me gustaba escucharlo cantar en la radio y en los discos que mamá tenía escondidos para que papá no los viera. "Se va el tren, se va el tren...", cantaba Carlitos. "Se va el tren y con él se va mi amor..."* Lo visité cuando empezó a enfermarse.

Junto a él estaba un amigo de toda la vida que al verme entrar le dijo: "¡Tu pibe, Carlitos!". Vale. Si para vos, Carlitos, era así, vale. Yo también te quise y te quiero. Y a vos también, Carlitos el Pistolero, y a vos, Nicolás, que me llevaste al Balneario en tranvía y me comprabas caramelos. Y para vos, papá, mi querido viejo futbolero y "putañero" como te decía mamá, para vos "cartel francés":

Papá del Abasto
papá gritón
papá más tano que ruso
papá tanguero con nariz de boxeador.

Papá pelado
chistoso y picarón
papá boca sucia
impaciente, trabajador.

Papá medio tosco
ingenuo, calentón
papá tierno, frágil
de buen corazón.

Papá ser humano
goloso, panzón
papá con miedo
de ir al doctor.

A fines de 1971 doy por terminada la obra del marido encerrado y conozco a Henny. Al comienzo nos reímos. Y hablábamos, hablábamos mucho. Me leyó y me recomendó leer libros que yo jamás hubiera leído. Eran totalmente místicos, metafísicos, supranormales, cosa 'e Mandinga. Me mató que empezara con Gurdjieff, aquel que me pegó tan fuerte con su concepto de que estamos todos dormidos. Me deslumbra con Khalil Gibrán, me fascina con el "Tao", me enamora con el Bhagavad Gita y me remata tirándome el *I Ching* con fondo musical de los Beatles en "Abbey Road". En pleno comienzo de los setenta, años en los que muerte era la palabra más usada en la propaganda política callejera ("Perón o muerte", "ERP o muerte", etc.), yo agarré para el lado del espíritu. Y me despedí de una manera de ver el mundo escribiendo el libro cinematográfico *Las venganzas de Beto Sánchez* (luego realizado por Héctor Olivera). Su protagonista, un desocupado de cuarenta años, a partir de la muerte de su padre comienza a vengarse en forma incruenta de quienes lo "engañaron" de chico pintándole un mundo justo, feliz y placentero. Insatisfecho, termina su itinerario vindicativo frente al gerente local de una multinacional yanqui. Cuando Beto Sánchez apunta con su revólver al gerente mientras lo acusa de ser el responsable de todos sus males, éste le responde: "No. Yo no tengo la culpa. Yo dependo de la Goldplanet Corporation con sede en las Bahamas". "¿Tan lejos..?", pregunta Beto, asombrado, y reacciona dirigiéndose a matar a su madre, la culpable de haberlo traído a este mundo injusto y cruel. Ella se compadece y le dice: "Tirá, hijo, matame si te hace bien". Él cae llorando a sus pies y ella le acaricia la cabeza mientras Beto le pregunta al público: "¿De quién se tendrá que vengar Beto Sánchez?". ¡De nadie! ¡¿De quién se va a tener que vengar semejante pelotudo?!

EN TERCERA PERSONA

Henny se convirtió en su gurú y oráculo pero no oficial, clandestino. Esta vez no fue "sincero" con su mujer a los cuatro días de conocer a "la otra". Ocultó la relación cuidadosamente, lleno de culpa. *¡Y además ahora tengo una hija! ¡Yo dije que nunca me iba a separar cuando tuviera un hijo! ¡Pobrecita mi nenita!* El tipo sufría, no hablaba y seguía visitando a su brujita antes de transformarla en "la jabru". Camila estaba muy entretenida con la bebé y él era el "artista". Un día se le aparece un productor teatral y le propone adaptar el best-séller *Cómo ser una ídishe mame*, para Henny y Rudy Chernicoff. *"Casualidades" de la vida*, pensó. Y se le cruzaron los cables una vez más: sentía que trabajar con ella era como admitir públicamente que andaban. No aceptó pero colaboró en forma anónima y no cobró nada en aras del amor. *Pará, che, que me divertía mucho trabajar con ella.* Es cierto. *Y la quería a Camila.* Claro. Lo mismo de antes. *No, pará, si me empezás a juzgar dejame seguir contando a mí.* Vamos a hacerla corta: no le contaste nada de Henny a Camila pero sin darte cuenta hiciste todo lo posible para que se diera cuenta. ¿O no? Ah... te callás, eh... Te mandaste la misma: cuando aquella madrugada descubriste que Camila había conocido a... *¡Bueno, basta! ¡Además no fue lo mismo! ¡Cuando empecé a desenamorarme de Henny porque me estaba volviendo a enamorar de Camila, le pedí ayuda a Henny!* ¡Que te echó a las patadas y fuiste a proponerle un canje a Camila! *¡Sí, por la nena! ¡Si ella cortaba su romance yo cortaba el mío,*

pero no abrochamos! ¡Y te fuiste a vivir con Henny! *¡No!*
¡Antes viví solo durante un tiempo! Tres días. *¡No, cuatro!*
Repetición tras repetición. Vivir a repetición. Circuitos
mentales que se recorren una y otra vez sin parar, sin pau-
sas, al ritmo determinado por la reacción de llagas y heri-
das sin cicatrizar que apenas son tocadas me disparan hacia la búsqueda desesperada de alivio, placer y felicidad
inmediatos. Y siempre esperándolos de algo o alguien externo a mí.

CORRIENTES Y CALLAO

Apenas instalado, me agarró una depresión tan grande
que cuando no permanecía acostado o tirado sobre un diván me arrastraba por el depto de Henny como un gusa-
no desolado. La petisa uruguaya nacida en Hamburgo, es-
capada de Hitler para que no la hiciera hamburguesa,
sabía que yo no era el Príncipe Azul, pero nunca jamás hubiera imaginado para su luna de miel que el novio se le ba-
joneara de ese modo. *Sí, doctor, no me di tiempo para ela-
borar el proceso de separación. ¿Dije bien?... Eso, no hice el
duelo. ¿Sabe lo que pasa? No me gusta estar de luto. No quiero estar triste y sufrir. Quiero ser feliz todo el tiempo, disfrutar, no tener problemas, hacer lo que me gusta... ¿Por qué me
mira así, doctor?... ¿Qué pasa?... ¡Dígame algo!*
Cuando pude llegar a incorporarme no sólo para ir a la
cocina o al baño sino para dar algunos pasos, empecé a escribir una obra para Henny, que empezaba con una mujer
echada de bruces sobre el piso, desplomada por una depresión enorme. Le cuesta un gran esfuerzo poder despegar el

tronco del suelo y luego erguir la cabeza para decir con asombro: "¡Qué depresión...!". Se incorpora penosamente, mira a su alrededor, desolada, y comenta: "No tengo ganas ni de suicidarme".

Entretanto, se disuelve Gente de Teatro, el grupo que estaba ensayando *Los japoneses...*, y escribo un espectáculo de café-concert para Marilina Ross, quien interrumpe la exitosa temporada para irse a buscar a Perón. En ese momento, de haber sido sincero hubiese dicho: "¡La puta que lo parió, me cagaron la temporada!". Pero no me atreví. "¡Perón o muerte, carajo!" Mucha gente de izquierda decía que Perón era nuestro Mao Tsé-tung. Volvía para iniciar la Larga Marcha.

Estoy escribiendo una obra para Henny, pero la que escribe es ella. Yo voy improvisando y ella toma nota, opina y aporta. Aparece un personaje masculino y Henny me propone que lo haga yo. Acepto y formamos el dúo. Juntos en el amor y en el trabajo para siempre. Laurita es nuestra hija de fin de semana. Gracias a ella me empiezan a gustar los chicos y la vida en familia. Y gracias a Henny, que pone su mejor onda para integrar a la nena y a mi madre. Nuevamente la felicidad absoluta, re-plena, a full.

Acá necesito que ustedes y yo escuchemos una música dramática, tremebunda, casi policial. Y que veamos un viejo conventillo a metros de Corrientes y Callao, un largo pasillo que nos va llevando hasta una piecita del fondo, vecina del único cuarto todavía ocupado por un señor gordo. Entremos al cuarto y miremos las paredes que enmarcaron la abuela de todas las guerras, el ámbito donde cada ensayo es el padre de todos los ensayos, y en el medio, héroe sublime, Eduardo Capriata, nuestro asistente general, mediando, interviniendo y separando a los contrincantes como un árbitro de box. De no haber sido por su presencia, también hubiéramos aparecido en los diarios, pero no en la sección "Espectáculos". Sin embargo, la obra pretendía hablar del amor, aunque sin palabras porque era casi totalmente muda, pura pantomima. Una tarde salimos de un ensayo y se nos acerca el señor gordo vecino: "¡Qué lo tiró! ¡Qué obra fuerte la que están ensayando, eh!".

Musiquita alegre y rápida. *Camila se casa. Cuando voy a buscar a Laurita saludo al flamante marido con modernidad y aparente desprejuicio. Todo sea por la nena.*

Se reinician los ensayos de *Los japoneses...* con dirección de David Stivel y actuación de Bárbara Mujica, Víctor Laplace y Soledad Silveira. Llega la noche del estreno y me aparezco en el hall con un muy evidente revólver de juguete que alguien me había regalado. Anduve de aquí por allá saludando gente con el arma en la mano, como defendiéndome de posibles malas ondas. Durante la representación sentí que no era "autor de una sola obra". No obstante, un crítico dijo en su nota que yo estaba "al borde de la impotencia creadora". Pero el Éxito me sonrió de nuevo, y yo aproveché para hacerle un reportaje.

–¿Qué debo hacer para que no te separes nunca de mí?
–No, yo no te puedo garantizar nada. Hay libros que pueden orientar e indicar ciertas actitudes internas y conductas propicias para la obtención del éxito en diversas áreas de la vida, pero quien diga que tiene la llave del éxito para cualquier persona y situación es un omnipotente, un ignorante o miente. Hay factores y circunstancias imponderables, imprevisibles.

–¿Por ejemplo la suerte?

–*Ése es un tema muy delicado, depende de la creencia de cada uno. Hay personas que creen en el Destino, otras en el azar, unas cuantas en la voluntad y en el pensamiento positivo. Existen individuos más afortunados que otros en el aspecto material, pero pueden sentirse muy desgraciados en la parte afectiva. Existen millonarios con pésima salud y pobres que viven con alegría; famosos que se suicidan y desconocidos muy felices; esforzados trabajadores que no llegan a nada y gente que sin sacrificio alguno (y hasta honestamente) la pega en cualquier cosa que hace. Mirá, creo que en este momento se me ha llegado a idealizar de una manera muy peligrosa. Me han convertido en un ídolo y eso me preocupa, porque no todos me alcanzan y ahí se producen las amarguras y los resentimientos que tanto dolor, violencia y enfermedad generan. Todos los mensajes que se transmiten por diversos medios sobrevaloran mi entidad e inoculan en la gente la creencia de que la vida sin mí no vale nada; de ese modo alientan la estatura de mi entidad opuesta: el Fracaso, al que nadie adora pero ante quien muchos se postran.*

–¿Por qué se te busca tanto?

–*Y... soy muy lindo, tengo que reconocerlo. La gente se siente bien conmigo, brindo placer y aumento la autoestima, ¿entendés? Además muchas veces vengo con dinero, fama, poder... Yo soy como un espejo en el que la gente se mira para sentirse bien.*

–¿Y por qué dependemos de un espejo para saber cómo sentirnos?

–*Porque importa mucho la imagen, el reconocimiento y la aprobación. Te garantizo que no hay maquillaje ni cirugía estética ni gimnasia física o mental alguna que otorgue la*

sensación de seguridad y confianza que la gente experi-
menta cuando me tiene.
–Muchas gracias. No te olvides de mí, eh.

El Éxito se fue sin saludar y me quedé pensando en lo
que dijo. Es cierto: cuando me va bien me siento mucho
más fuerte y seguro frente a los demás. Me baja el nivel de
envidia y me pongo más "bueno" y generoso.

Mis amigos del Grupo de Autores criticaron severa-
mente a *Los japoneses...* Y el distanciamiento se acentuó a
partir de una comida en la casa de uno de ellos. Les presenté a Henny, surgió un tema ideológico y se pudrió todo. Ellos fueron mis últimos amigos varones en el sentido
de vernos muy seguido sin la presencia de novias ni esposas. Con mis amigos masculinos de hoy (entre los que están
algunos de los de antes) hablamos por teléfono y a veces nos
encontramos o compartimos un trabajo, pero aquellos encuentros de hombres solos ya no se volvieron a dar con tanta frecuencia. Las parejas, el laburo y las crisis económicas
me chuparon la vida.

Mientras yo seguía con Lao-Tse, el *I Ching* y ensayando la obra con Henny, podía observar desde mi balcón,
mejor dicho desde el balcón terraza de su departamento en
Corrientes y Callao, el paso de las masas con banderas rojas tipo película de Eisenstein y las columnas montoneras
entonando con brío su "¡Montoneros, carajo!". Los tran-
seúntes se amontonaban en las veredas para verlas pasar.
Cuando escuchaban: "¡Aplaudan, aplaudan, no dejen de
aplaudir, los yanquis hijos de puta se tienen que morir!",
se apresuraban a iniciar un puntilloso aplauso poniendo
cara de adhesión pero con el jabón en los ojos.

Asume el "tío" Cámpora. Asisten Allende, Dorticós... ¡Argentina de izquierda! ¡No se puede creer! ¡Sueltan como héroes a los guerrilleros presos en Devoto! Perón maneja los hilos de la izquierda y la derecha, que se matan entre sí para agarrar el poder en cada dependencia, en cada seccioncita de cualquier organismo dependiente del Estado. "Es por amor al líder, no seas gorila. Vení, vamos a buscarlo a Ezeiza que ahora vuelve para poner las cosas en su lugar en el movimiento y en el país."

Perón asume la presidencia votado por una mayoría aplastante. Desfilan los Torinos felices por avenida Santa Fe. *¡Y siguen los montoneros, carajo!* Y todos los demás. Incluidos nosotros, que después de dos años de "laboratorio", estrenamos en gira por universidades norteamericanas *Traylesnik*, el resultado de nuestra fusión total. Lo que hacemos gusta. Me siento fantástico. Nos jugamos y les mostramos la obra a Lee Strasberg y sus estudiantes. La primera mitad funcionó muy bien. La segunda, más o menos. Al final Lee habló con Henny y le formuló algunas observaciones. A mí no me dijo nada. *Le doy pena y no me quiere lastimar,* pensé. Una amiga que asistió a la presentación me dijo que, por el contrario, el silencio del maestro se debió a que no tenía observaciones para mí. *Pobre. Es buena y me quiere.*

¡A estrenar en Buenos Aires! Diez *rounds* de ensayos, una linda campañita publicitaria y hacemos un primer estreno para amigos en una pequeña sala ubicada en la calle Corrientes. Yo era el responsable de iniciar el espectáculo, tenía que conectarme con el público de entrada y así lo hice comenzando con una desmesurada soltura canchera que cayó bien. Y el espectáculo zafó. Al día siguiente era el estreno para críticos y gente del ambiente. Como mi premisa actoral básica era ser absolutamente sincero, asomé la cabeza y grité con angustia, como un náufrago desesperado pidiendo auxilio al barco que se aleja: ¡¡¡¡Tengo miedo!!! Un manto de hielo cubrió la sala y se generó un clima tenebroso que nos acompañó durante toda la representación. Todavía hoy, si le recuerdo el episodio a Henny, surge en su mirada un brillo asesino (con toda razón). Con el público no nos fue mucho mejor. Empezamos un jueves y terminamos el domingo, día en que el teléfono de boletería no sonó ni una sola vez. Durante la función del sábado un espectador pidió que le devolviéramos la plata. Desde el escenario lo invité a que la reclamase en boletería. No vaciló un segundo en hacerlo.

¡Pero no nos dimos por vencidos! Corregimos, pulimos y nos mandamos a Montevideo, al más importante teatro comercial de aquel momento. El público vino a ver a la petisa cómica de la tele y al conocido autor de obras claras y divertidas y se encontró con un espectáculo totalmente experimental, "de vanguardia", adecuado para un Festival. Cuando andábamos por la mitad de la representación la gente comenzó a impacientarse y exteriorizó su desagrado con voces de protesta y emisión de pullas. Ambos sentimos que el fuego sagrado nos impedía cerrar el telón y huir despavoridos. Continuamos heroicamente la representación hasta el momento en que yo entraba en escena como una especie de Cupido para clavar, mímica mediante, una flecha en el corazón de ella. Antes de mi ingreso, se escuchaba la creciente indignación de los espectadores mientras Henny la seguía peleando sola. Pensé: *"Uy, cuando entre yo en puntas de pie haciendo que sostengo un arco con la flecha tendida, la gente va a subir al esce-*

nario para lincharme". En cuanto me vieron aparecer se pusieron como locos.

Traylesnik murió casi al mismo tiempo que Perón. Y aparecieron Isabelita y López Rega. Corrientes y Callao era una fiesta: las sirenas de las ambulancias, patrulleros y parapoliciales conformaban un fondo sonoro permanente. Se los veía pasar en sus Ford Falcon con los brazos afuera de las ventanillas, golpeando con sus armas desenfundadas las puertas de los coches que no se apartaban en el acto para dejarlos pasar. La gente de las tres AAA (no las de la Asociación Argentina de Actores) ya estaba haciendo horas extras. Lo más espectacular pasó un sábado a la noche: un grupo guerrillero convirtió la esquina de Viamonte y Callao en una aldea del Vietnam. Con una bazooka bombardearon un edificio del Ejército.

Continúan los fines de semana con Laura. Camila se separa. Solemnes acordes litúrgicos. Comienzo a estudiar para llegar a ser ¡misionero del amor! en una escuela espiritualista; no espiritista. Rezamos oraciones aprendidas de memoria y también estudiamos lecciones sobre diversos temas, muchas muy interesantes y escritas con belleza por la directora espiritual. *Cuando no entiendo, se me dice "no importa, algún día entenderás". Si dudo, "estoy incidido por lo negativo". Tengo que aceptar como verdaderos ciertos hechos de los cuales no fui testigo ni percibí con sentido alguno, ni con el sexto. La fe es obligatoria. Hay algunas buenas personas y otras que bla-bla-bla del amor pero son como yo. La forma de la enseñanza se me hace muy mecánica y demasiado "escuelita": calificaciones, promociones, repeticiones de curso... Entro en cadena para rezar tomado de la mano de una atractiva compañera que me tira onda y me olvido del espíritu.*

A pesar de mis reservas y contradicciones, me tomé la escuela en serio. Un poco por Henny, otro poco porque realmente buscaba una explicación del sentido que tiene esta cuestión de la vida, la muerte y el sufrimiento, y un tercer poco huyendo inconscientemente de opciones políticas que proclamaban a la defunción como alternativa de la derrota.

¡El productor me encarga un guión cinematográfico, lo escribo con la condición de co-dirigirlo con él y cuando llega el momento de firmar el contrato dice que ese pacto es un invento mío! Le devolví el dinero cobrado y la película no se hizo. Se trataba de una joven pareja que se separa por incompatibilidad sexual y la chica inicia una serie de aventuras en busca del orgasmo perdido. Aprovecho la reaparición del tema erótico, tan notorio en buena parte de este libro, para presentarles mi...

POEMA SEXUAL

¡Oh, sexo!
Sexo que me enciendes, me excitas y distiendes.
Oh, sexo que me motivas, entretienes y cautivas.
Por ti ejerzo la seducción
tú eres mi afán de conquista
y si no hay carne a la vista
me arreglo sin turbación.

Para algunos eres pecado
para otros, diversión.
Prohibido y estimulado

eres la gran distracción.
Contigo el tiempo pasa volando
se van angustias y tristezas
contra ti no puede la pereza
y a la muerte espantas gozando.

Eres amplio, liberal
tú no haces diferencias
sexo con el otro sexo, o pan con pan
todo te da igual.
Algunos te subliman
otros te reprimen
y no faltan los que a veces
por ti llegan al crimen.

Estás en cine, radio, teatro
diarios, revistas, televisión
eres el agente número 1
en ventas y promoción.
Se te divulga
se te comenta
se te murmura y chimenta.
Tienes gestos, guiños, trampas,
ocultamientos, disimulos.

Se te ejerce por vocación
y también como profesión.
Arte porno
fino erotismo
destape, liberación.
Para esposas, madres y señoritas

llegó la sexología
sexo ciencia, punto "G".
¡Tenés derecho a un pendejo, tía!

De a tres, de a cuatro, de a cinco
en el living, el baño, la cocina
nos bañamos en champán
nos embadurnamos con dulce de leche
huevo duro, tallarines.
Nos damos con el látigo
nos cortajeamos
desnudos o en pijama hasta puede ser en la cama.

La cuestión es llegar a la meta suprema
que todos deseamos alcanzar:
¡¡¡El Orgasmo!!!
Algunos nos apuramos demasiado
otros no podemos ni empezar.

Cuánta historia con el sexo.
Que puedo, que no puedo
Que siento, que no siento
Que debo, que no debo
Que si llego, que no llego
Que llegué primero, que llegué después
Que no llegamos juntos, que no llegamos nunca
¡¡¡Y ahora encima está el sida...!!!
No hay vuelta que darle
para hacer el amor, Internet es lo mejor.

—¿*Te parece que combinan?*
—*Yo creo que sí.*
—¿*Los invitamos?*
—*Dale.*

(Diálogo extraído de una conversación entre Henny y Ricardo antes de invitar a una fiesta de cumpleaños de este último a un amigo de ambos y a Camila con el fin de hacerles "gancho".)*

¡Monzón! ¡Tengo que escribir para Monzón! Me convoca una productora y empiezo a escribir. Su personaje es tierno, noble y ejerce el poder de sus puños si la circunstancia lo obliga. ¡A pelear con Monzón! Me peleé con los productores y el proyecto quedó *knock-out*.

Traylesnik se convirtió en *El Chucho*. Invertimos los papeles: yo asumí el personaje protagónico. Le pusimos más palabras, música con músicos en vivo, Carlos Cytrinowski y Renata Schussheim en escenografía y vestuario... todo lo que pusimos fue gracias a Héctor Armendáriz y Blackie, que vio un ensayo y trajo un productor. La obra esta vez estaba más clara y funcionó mejor. Duró en cartel unos cuatro meses. El protagonista era un hipocondríaco que, impulsado por una fantasía paranoica, se mete en el departamento de una vecina para pedirle ayuda. Después de varios malentendidos terminan enamorados bailando el vals *Fascinación*. ¡Si nos habremos emocionado en ese momen-

---

* *Nota de la Redacción:* Estuvieron juntos veinte años y tienen dos hijos muy ricos. Como personas.

to! Mientras girábamos al ritmo de la música nos decíamos por lo bajo:

—¡No me agarrés tan fuerte!

—¡Movete, camión!

—¡Bajá esa mano!

—¡Y dale, seguime!

—¡Necesito una grúa para moverte a vos!

—¡Novato!

—¡Rasca de cuarta!

Cuando el público nos veía las caras, sonreíamos enamorados y felices. La misma Blackie nos recomendó a los dueños de *La Ciudad*, un precioso y elegante lugar nocturno donde hacíamos un par de números en una especie de *music-hall*. En uno éramos una pareja de baile rusa y en el otro, una pareja tanguera. Ahí surgió un personaje que me acompañó durante muchos años. Con ustedes... ¡Tito Levante, un macho porteño!

Este dolobu me quiere seguir sacando el jugo. Me usó para el dúo, me puso en su unipersonal, hicimos el papelón en el Crazy Horse, *me prestó a Santiago Bal para un show, me afanó letra para hacerle un monólogo a Brandoni, me hizo escribirle una nota en una revista y ahora quiere que yo escriba en su libro. ¡Pero andá a robar a otro lado, gil!*

Pará, no te pongas así. Dame una mano, che.

Mirá, te la voy a dar porque nunca se le niega una mano a un gomía. Te voy a demostrar a vos y a los pobrecitos que te hayan seguido leyendo hasta acá lo que manyo del lenguaje porteño. ¿Se desayunaron de cómo usamos palabras que tienen que ver con los animales? Lean lo que sigue y van a ver.

No sean burros y paren bien las orejas: A mí no me gusta ser el perrito faldero de ninguna mina, por más leona que sea. Yo reconozco que hay potras que me hacen sentir como una cucaracha y prefiero rajar como una rata antes que someterme como un cordero. Díganme gallina, ganso, pavo, lo que quieran, pero yo conozco muchos tiburones que se tragaron el anzuelo y se quedaron patos. No sería la primera vez que un tipo que se siente zorro viejo se ensarte con un gato que lo deja corriendo la liebre, o que una mosquita muerta te resulte una sanguijuela que te chupa la sangre. Yo he visto a tipos muy ranas comerse cada sapo que... Por eso que yo prefiero hacerme el oso y dejar pasar a esas lobas que andan todo el tiempo con los buitres revoloteándoles alrededor... Además, yo no tengo que hacerme el gallito con nadie. Yo soy como una hormiguita, ¿viste? Trabajo despacito, de a poco. Mi amigo Cacho siempre me dice: "Vos sos una tortuga con las minas. Con todos los moscardones que les andan dando vuelta, vos no mojás la nutria nunca más". "Pará un poquito, caballo", le contesto, "que no soy ningún potrillo". Es increíble. El tipo es un carnero que rompe todas las huelgas, cuando juega al billar se la pasa metiendo bagres, para el fútbol es un perro y me viene a dar lecciones de levante a mí, que no soy ningún marmota. A mí, por más yegua que sea una potra, nunca me va a sacar la mosca. Y en última instancia, el buey solo bien se lame, yo prefiero hacerme la del mono. ¿No les parece bestial que usemos tantas palabras de animales para hablar?

Gracias, Tito.
Che, ¿te acordás del camarín de La Ciudad, *con todas*

las bailarinas en bolas y vos, el único hombre, con tu jermu al lado?

Éste no me parece momento para...

Estabas muerto con las minas, ¿eh?

Dale, que Henny va a leer este libro y...

¿Qué? ¿Pensás que no se daba cuenta de que los ojos se te metían por todos lados? Lo mismo que después, en el Crazy Horse...

Ésa la contamos después. Yo te aviso.

Me usás como un trapo, turro.

Si no hago lo que quiero con un personaje mío, ¿con quién lo voy a hacer? ¡Tomatelás, buchón!

Me tenés muy olvidada, hijo...

Ya va, mamá, ya vas a entrar.

¡Tengo fiaca, entendés, fiaca!

¡Ah, no, Néstor Vignale, no se me vengan todos juntos porque no les voy a dar bola! ¡Acá mando yo! Como les decía, lectores de cualquier sexo y género... ¿Están ahí? Gracias. Hubo una vez una pareja que derribó el muro que separaba las cocinas de dos departamentos vecinos. Una de esas propiedades le pertenecía a ella. La otra fue comprada por ambos y así pudieron ampliar el espacio que los contenía, digamos. Ya saben de quiénes estoy hablando. Antes de esa modificación territorial, una madrugada hubo temblor de tierra en Buenos Aires. Él estaba en el dormitorio, solo, porque la noche anterior habían sostenido un pequeño entredicho, cuando lo despertó el clin-clan-clin-clan de un colgante chino. Se levantó muy inquieto, sintió el movimiento del suelo, empezó a rezar, salió al living y la vio a ella, sentada en el sofá que ocupó durante su sueño previo. Tenía la cabeza gacha y la mano en el pecho. Levantó la cabeza, lo miró con susto y le dijo: "Creo que tengo algo en el corazón". "No te preocupes, es un terremoto", le dijo él. Y ella se calmó.

Mi mujer me tiene de hijo. Hago de Luisito, el hijo de la Ídishe Mame, en una temporada de verano en Punta del Este. Desfolklorizamos el show para que vengan más "gentiles" y tenemos éxito. La Ídishe Mame es un arquetipo, un personaje que manifiesta conductas comunes a muchas madres, padres, hijos, hermanos, parientes y amigos que actúan como ídishe mames aunque no sean judíos. Cambiamos algunas cosas de la primera versión y es un acierto hacerlo aparecer a Luisito como niño, de pantalones cortos y con una gorrita de marinero.

Hola. Yo soy Luisito, el hijo de mi mamá. El único. Por eso me quiere tanto, porque soy lo único que tiene. Siempre me dice que sin mí la vida no tendría sentido para ella, que mi papá no le sirve para nada, es como si no existiera. Ella es muy buena conmigo y todo lo que hace lo hace por mí. Ella lucha y se sacrifica para que yo tenga todo lo que ella no pudo tener, para que yo haga todo lo que ella no pudo hacer. Y siempre me enseña cómo tengo que ser en la vida: "Luisito, en la vida hay que ser bueno, pero sin dejarse llevar por delante. Nunca hay que tener miedo. Es una vergüenza. ¡Ambiciones hay que tener! Y dulzura... ¡Pero defender lo que es de uno hasta la muerte! La paciencia y la tolerancia son dos grandes virtudes, pero si a uno lo ofenden hay que reaccionar, hay que contestar, no quedarse callado! Tenés que gustarle a la gente, para que la gente te quiera, y entonces podés sacar ventajas, conseguir cosas... Hay que ser generoso. ¡Y bien competitivo!

Competencia sana, eh... Nunca te compares con nadie porque cada uno es cada uno. ¡Pero si hay alguien mejor que uno tenés que luchar y luchar hasta alcanzarlo, superarlo y reventarlo! ¡Hay que ser el mejor, el número uno...!, pero con humildad. Saber perder es tan importante como saber ganar. ¡Pero si vos perdés, yo me muero!".

"Si perdés, te mato", diría una madre italiana. Esta variante del conocido chiste de libre circulación confirma la teoría de que toda persona, cualquiera sea su sexo, raza o religión, puede ser una *ídishe mame*. ¡Cómo le sacamos el jugo a ese personaje! Lo llevamos de aquí para allá por todo el país, el continente y algunos lugares de USA. Prueba muy dura para la pareja hacer de madre e hijo en el escenario y en la vida durante tanto tiempo.

"¡Vamos-vamos, Argentina, vamos-vamos a ganar, que esta barra quilombera...!" "¡El que no salta es un holandés, el que no salta es un holandés!" Los argentinos derechos y humanos, más muchísima gente que no estaba de acuerdo con el gobierno militar, salen a la calle a festejar un logro deportivo con la felicidad que se merecería el descubrimiento de la vacuna contra el cáncer. Kempes es héroe nacional. Menotti es Dios. En el cine donde fui a ver en pantalla grande la inauguración del Mundial, el público aplaudió con entusiasmo y en forma unánime la aparición de Videla.

1979. La Ídishe Mame y Luisito están triunfando en un teatro de Caracas. Una noche sucedió algo extraordinario durante la representación del sketch llamado *La culpa*. La acción se iniciaba cuando Luisito, ya de pantalones largos, está a punto de ir a bailar por primera vez. La madre, de diversas maneras: toses, quejidos, lamentos, dolores, genera en Luisito una culpa que le impide salir a divertirse. Se queda con la madre, que termina diciéndole: "¡Te vayas o te quedes, a mí igual ya me arruinaste el día!". Bueno, esa noche, antes del sometimiento final, Luisito se rebeló con un descomunal "¡¡¡Dejate de romper las pelotas, mamáaaaaaaaa!!!". El público explotó de risa, el aplauso fue impresionante y Luisito cayó de rodillas, con las manos entrelazadas y mirando hacia el cielo para agradecer la catarsis dispensada. La madre, ese monstruo posesivo y castrador, se convirtió en la hormiguita viajera. Luisito se puso de pie y continuó el sketch de la manera habitual, sometiéndose a ella, pero algo muy profundo había ocurrido. Esa misma noche, en el hotel de Caracas, empecé a escribir un texto rabiosamente autobiográfico que tiempo después se convertiría en mi primer show unipersonal.

Ya de regreso en Buenos Aires, termino de redactar una primera versión. Empiezo a probarlo esporádicamente por el interior. Me vuelven a llamar del teatro de Caracas para dirigir *Los japoneses no esperan*, con María Conchita Alonso en el personaje de la amante. Acepto y aprovecho la bolada para ofrecerles mi show. Aceptan.

Viajo solo a Caracas, listo para triunfar, con smoking y todo por las dudas. Antes de comenzar los ensayos de *Los japoneses...* estreno el unipersonal. La función no funcionó, apenas si funcionaba algún cachito que otro. Nadie viene a verme al camarín mientras me cambio. Hay un cóctel en el hall. *Allí deben estar esperándome todos.* Estaban todos pero no me esperaban. Me asomo al hall y nadie me mira. Avanzo unos pasos y un mozo me salva ofreciéndome un trago que succiono en un instante. Por fin,

113

piadosamente, se me acerca Cecilia Villarreal, la otra actriz de *Los japoneses...*, y me da conversación. Poco a poco, la va imitando alguno que otro. *Menos mal que no me puse el smoking.*

El show mejora un poquito pero no de público y baja de cartel para que hagamos una segunda temporada de la *ídishe mame* con Henny, convocada de urgencia, mientras se completan los ensayos de los japoneses que no esperan y están ansiosos por estrenar. Lo logran y gustan mucho. El actor Gustavo Rodríguez realizaba un gran trabajo. Y jamás me olvidaré de la escena donde la "Otra" le muestra sus habilidades al "Marido": María Conchita Alonso se metía la mano en la boca hasta la muñeca. Nunca vi nada igual.

De regreso en Buenos Aires, dirijo una versión de *Los japoneses...* para una gira con Arturo Puig, María del Carmen Valenzuela y Alicia Bruzzo. Los tres estaban muy bien.

Pará, papá, dejame contar lo del Crazy Horse.

Está bien, Tito. No me gusta que me interrumpas así, pero dale.

El dolobu conoció accidentalmente al dueño del "burlesque" que más laburaba en Buenosaire. El tipo había alquilado otra sala para presentar un grupo del Creisi Hor para giras: potras hermosas, efectos visuales para verlas en bolas pero no con toda la carne al asador y una música de primera. El asunto era finoli y el que te dije le habló de mí para hacer un número. Al empresario le interesó y para sacarle jugo al dolobu le hizo hacer dos números más.

Sigo yo, Tito. Estrenamos un lunes a las 7, porque había tres funciones diarias. Entre el público no había una sola mujer. Todos "valijeros", es decir, hombres que andan trabajando de tarde por el centro y se meten a mirar mujeres desnudas, vivas y en directo. Mi primer número consistía en una pantomima heredada de *Traylesnik*. Yo luchaba contra mis propias manos, que me querían matar. En un momento dado, cuando las manos estaban oprimiendo mi cuello, oí una voz de papel de lija exigiéndome con notable vigor: "¡Y matate de una vez!". Algunas personas humanitarias silenciaron con chistidos la franqueza del hombre de la voz de lija y terminé mi número en medio de tres o cuatro aplausos de un par de personas. Me retiré de la escena lastimado pero con dignidad y confiando en las intervenciones que me faltaban. En la siguiente no tuve ningún problema. El centro de atención era el culo de una negra bellísima que se quitaba su traje de azafata delante del pasajero de un avión (yo) que ponía caras y reaccionaba al compás de lo que iba viendo, pero nadie me miró. La tercera fue la vencida. El show concitaba la unánime adhesión masculina cuando había carne para mirar. Los demás números no le importaban a nadie. Encima, se fueron produciendo gruesas fallas técnicas que calentaron al público por el lado de la indignación. Después del episodio que voy a narrar, alguien me dijo que los burlesques competidores mandaron gente para arruinarnos la función. La cuestión es que...

Dejame a mí ahora. Ahí estaba, entre cajas, esperando mi turno para entrar. La pareja de bailarines de tango hizo un número de veinte minutos. Los tipos de la platea ya puteaban a grito pelado. Arrugué, pensé que entrar con un número sobre tango después de tanto tango y con la bronca que había... Me tranquilizó el dolobu diciéndome: vos entrá y hacé lo que hago con el público cuando entro como Luisito. Deciles "qué tal, cómo están". Alguno te contesta y desde ahí los empezás a enganchar y seguís. OK. Entré con el bandoneonista. El público se quedó duro. No lo podían creer: un tipo vestido como el bailarín que acababan de reputear y un bandoneón. Les enchufé el "¿Qué tal, cómo están?". ¡¿Para qué habré preguntado?!... "¡Como el culo, boludo! ¡Esto es una mierda! ¡Tomatelás, hijo de puta y la puta que te parió!"

Una vez más el fuego sagrado me mantuvo en el escenario hasta el final del número a pesar de tener a un público tan enfervorizado en mi contra. Fue una experiencia muy enriquecedora.

¡Dale, chanta, que en cuanto salimos de escena te quisiste rajar del teatro!

Sí, pero me quedé.

Porque varios compañeros y los empresarios vinieron a consolarte y darte ánimo para seguir.

La función de las 21 fue gloriosa. Sin valijeros y con mujeres en la sala, todo cambió como por milagro. Los días siguientes seguí progresando. Lástima que el viernes de la primera semana clausuraron la sala por no me acuerdo qué. Ese día, cuando terminé mi primera intervención en el show con el número que empecé a hacer en lugar del de las manos, los valijeros me despidieron con aplausos y sonrisas.

Salí, fanfarrón, que el que se consagró fue Tito Levante, papá.

Sí, también.

No te pregunto nada de las minas que laburaban para que no me digas buchón.

¡No hay nada que buchonear!

Casi te enfermás de tanta represión.

¡Terminala!

En pleno reinado de la "plata dulce" vendo el depto en el que vivía mamá y le compro uno en el mismo edificio donde vivíamos nosotros, aunque en otro cuerpo. Por esos días me convocan junto a numerosos autores para el lanzamiento del primer Teatro Abierto, cuya mecánica ya estaba organizada por dirigentes que habían sido, en algunos casos, amigos. No participé porque me molestó que no me hubieran convocado antes, cuando se estaba gestando el proyecto, y cometí el error de no dejar de lado las cuestiones afectivas, personales. Me ofendí, no lo planteé y me quedé afuera.

Por esos días, me llaman de un canal para trabajar. A punto de arreglar el dinero, se me comunica que estoy en la lista negra. Pregunto las razones y el gerente señala hacia el techo con su dedo índice. Estábamos en el último piso. Ergo: el dedo estaba señalando hacia los más altos poderes. *¡Lo único que me falta! ¡No entré en Teatro Abierto, me quemé con la izquierda y ahora también estoy quemado con la derecha!* Me presenté en la guardia de la SIDE para ver por qué estaba prohibido en la tele. El suboficial de turno se me quedó mirando, sorprendido. Luego me hizo pasar a una pequeña salita de espera donde había una cámara que me enfocaba. Me puse nervioso y empecé a arrepentirme. La angustiosa espera fue interrumpida por el regreso del suboficial para decirme que me fuera tranquilo, que no iba a tener ningún problema. *¿Y si en el canal me vuelven a decir que estoy prohibido?,* le pregunté, agrandado. "Dígales que estuvo aquí." Me fui sano y salvo y poco tiempo después hicimos con Henny el microprograma diario *Cómo ser una buena esposa.*

En la escuelita espiritualista me ponen al frente del

grupo de teatro y dirijo una obra que ya tenía escrita: *El juicio perdió el juicio*. Algunas censuras me molestan y se intensifica mi crisis con la forma de la enseñanza. Paso buenos momentos haciendo teatro con Henny y un grupo de personas agradables en un muy lindo clima y con mi hijita Laura como pequeña actriz invitada. Después de esa última experiencia me fui de la escuela y con Henny nos hicimos productores de una versión profesional de *El juicio perdió el juicio*. No anduvo mal pero era un elenco grande y no nos quedaba un peso. Reflotamos la *ídishe mame* y a rascar por todos lados. Una tarde, ¿o una mañana?, en un hotel de Córdoba, escucho por la radio a Galtieri desde Plaza de Mayo arengando a las masas para ir a la guerra. ¡Y la multitud ruge aclamándolo! *¡El que no salta es un inglés, el que no salta es un inglés! ¡Argentina, Argentina, Argentina! Todos unidos contra el enemigo común. Antes, los holandeses. Ahora, los ingleses. ¡Aguante, Argentina, que podemos ser campeones mundiales de nuevo! ¡Olé-olé-olé-olé... guerrá... guerrá! ¡Los echamos con aceite hirviendo, los echamos! ¡El Papa pasa por la esquina de Corrientes y Callao! ¡El Papa en el trocén! ¡Costa Méndez se abrazó con Fidel! ¡¡¡Reagan, los rusos de Rusia, todo el mundo pendiente de nosotros!!! ¡¡¡Somos protagonistas, estrellas mundiales!!!* Dicen que después de ver el partido por el cual Argentina quedó eliminada del Mundial de Fútbol 1982, uno de la Junta Militar dijo: "Perdimos la guerra y perdimos el Mundial. Estamos perdidos". Los militares no tuvieron más remedio que sacar la "institucionalización" de la manga y decretar el futuro regreso de la democracia. Apareció el general Bignone en la tele diciendo: "...Venimos sin piedras en las manos". Menos mal. Lo único que les faltaba era cagarnos a pedradas.

Veníamos del Rodrigazo, el Sigotazo y el Martínez que nos pasó la Hoz. Durante y después de las Malvinas escaseó el trabajo. Con el fin de pagar deudas vendí a un precio muy amargo el departamento adquirido para mi madre con la plata dulce. Le alquilé un departamento a dos pisos de distancia del nuestro y vendí el auto para afrontar los gastos de lo que sería la gira póstuma del dúo. Laura, su mamá, el marido que conoció en nuestro hábitat y la hijita que habían tenido ya estaban viviendo en USA. Yo autoricé el viaje de mi hija sin límite de tiempo con la ilusión de que a raíz de mi gira por USA terminaríamos triunfando en Hollywood y entonces Beverly Hills sería nuestro posible lugar de residencia. ¡Ay, esa gira! Cuánta felicidad en el escenario a pesar de estar tan mal nuestra pareja. Fue muy duro para los dos. Llevamos la *ídishe mame* y un espectáculo nuevo, en realidad un *reality show*. Se trataba de un matrimonio de actores ensayando una obra constituida por sketches sobre la vida conyugal. Nos dirigió Luis Macchi. Reflejábamos nuestros problemas y la gente se reía mucho. Así empezaba:

(Sergio y Norma sentados, tomados de las manos, las cabezas unidas, muy dulces y acaramelados, compartiendo sueños.)
Norma: El nene...
Sergio: El nene...
Norma: Lo estoy viendo... sentado delante del piano...
Sergio: (Todavía cariñoso, aunque con sonrisa tensa.) ¿Delante de qué?
Norma: Del piano...
Sergio: ¿Qué piano?
Norma: El piano que va a estudiar cuando sea más grande.

Sergio: (*Apartando la cabeza y desentrelazando sus manos de las de ella, pero todavía suave.*) ¿Te parece?... A mí no me gusta el piano.

Norma: (*Dulcemente.*) Ay, a mí sí...

Sergio: No me vas a comparar el piano con la guitarra.

Norma: ¿Guitarra? ¿La guitarra mejor que el piano? Un instrumento tan dulce, tan hermoso, tan romántico... (*Tararea* Para Elisa *tocando en un piano imaginario.*)

Sergio: Por favor, mirá la forma que tiene la guitarra... (*Dibujando con las manos en el aire el cuerpo de una mujer.*) ¡¡¡Qué instrumento tan divino!!! (*Hace como que toca la guitarra.*) ¡Chan, chan, chan...!

Norma: No, Sergio... ¡El piano es romántico, majestuoso! ¡El piano es...!

Sergio: ¡Es un elefante! ¡Para moverlo tenés que contratar a una empresa de mudanzas! En cambio la guitarra... (*La muestra como si sostuviera una guitarra real con una mano.*) Mirá Eric Clapton: dos kilos y se llena de guita.

Norma: ¿Y Elton John es pobre?

Sergio: ¡Mirá, Norma, mi hijo no va a estudiar algo que no me gusta a mí!

Norma: Mi hijo tampoco.

Sergio: ¡Estás creando problemas...!

Norma: ¡Acá el único que trajo problemas fuiste vos negándote a que el nene estudiara piano!

Sergio: ¡Y vos no querías que estudiara guitarra!

Norma: ¡Pero vos empezaste!

Sergio: ¡No, empezaste vos!

Norma: ¡Va a estudiar piano!

Sergio: ¡Guitarra!

Norma: ¡Piano!

*Sergio: (Alzando la invisible guitarra como para partírsela en
la cabeza.)* ¡Guitarra!

Norma: (Disminuida.) Está bien... ¡Pero si llego a quedar
embarazada me vas a oír!

El nuevo show gustó mucho en todas partes. Cuando nos veían espectadores argentinos nos decían: "Ustedes, cuando hagan esto en Buenos Aires, matan". Volvimos y matamos... al dúo. El pobre ya venía agonizando. En Guayaquil ella vivía en el *appart* del complejo donde actuábamos y yo en el cuerpo del hotel. Nos veíamos sólo en el escenario. Henny comenzó una dieta a base de hortalizas y legumbres que compraba, casi al por mayor, en un colorido mercado local. Una mañana fui de visita y al entrar me quedé deslumbrado: su departamento se había convertido en un puesto de venta de verduras. La luminosa y polícroma mercadería, de haber estado así dispuesta en la vía pública, hubiera resultado un atractivo irresistible para potenciales clientes. Le comenté mi impresión y pudimos reírnos un rato.

¿Dónde empezó todo esto? ¿Cómo llegué hasta aquí? Ésta es la tercera vez que me casé para siempre. ¿Tendré que separarme para siempre una vez más? ¿Y de la mujer con la que sentí que era más "para siempre" que nunca? ¿Qué pasó? Fue tan importante conocerla... No entiendo nada. Antes de casarme la primera vez yo vivía solo sin ningún problema. Tenía diferentes relaciones, me enamoraba, me desenamoraba, me dejaban o dejaba yo, pero cuando se cortaba una relación nada era tan dramático. Desde que empecé a casarme, en cada separación quedo destruido. Y en ésta encima me separo de mi socia laboral. Pensar que uno de los motivos funda-

mentales para hacer el dúo fue el afán de independencia y autonomía.

INTERMEDIO LINGÜÍSTICO

Obsérvese la palabra "enlace", que se utiliza tanto para el acto matrimonial como para enlazar a un caballo. Se ponen "esposas" a los que van en cana. "Conyugal" viene de yugo y "matri-monio" es el moño con el que te ata la matri. Con el "patri-monio" te ata el patri. Interesante, ¿verdad? (Más allá del chistecito fácil, hay algo debajo: siempre necesité estar ligado, sentirme enganchado, depender de alguien que viva pendiente de mí para sentirme querido y seguro.)

Ahora, de vuelta en Buenos Aires, bajo lo que se llama "democracia" en la Argentina, que al lado de lo que se llamó "Proceso de Reorganización Nacional" es una maravilla, Henny y un servidor nos repartimos la guita que ganamos en la gira y cada uno ocupa un departamento: Henny, el del balcón terraza, y yo, el que compramos después. Las cocinas siguen comunicándose. Nosotros, no. Mas, hete aquí que mamá se cae en la calle, la enyesan y se instala en el cuarto que era de Laura. Se produce una especie de calma chicha y un periodo de vida pacífica, digamos familiar, en el que se restablecen las comunicaciones con mi aún no tan ex, hasta que Laura viene de visita con la idea de ver "si se queda conmigo o vuelve con la madre".

Musiquita rápida de cine mudo. El dormitorio que primero fue matrimonial y luego de él solo, es ahora ocupado

122

por la madre que prosigue su convalecencia mientras preparan el cuarto para el regreso de la hija que viene a ver si se va o se queda, idea de la que es co-autor él en colaboración con la madre de Laura. Se cambian ubicaciones y disposiciones de otros muebles, en especial la mesa donde comerían todos en paz y armonía. Termina la musiquita rápida.

Mamá está en mi cama, Laura en su cuarto y Henny en el otro departamento. Yo no tengo cama propia. Henny me presta un lugar en la suya. Me contratan para escribir sobre Gardel y pido un cuarto de hotel para poder escribir. Tengo un poco de ropa en mi placard, otro poco en el placard de mi vecina (cada vez más ex-posa) y algo en el hotel. Comienzo terapia individual con una psicóloga nazi de izquierda, terapia de pareja con un irónico-paradójico y con la pobre Laurita vamos a una psicóloga de chicos. Prácticamente, me asiste un congreso de terapeutas. Henny abandona la terapia conjunta. La de chicos opina que Laurita debe quedarse. Yo no sé lo que quiero ni lo que puedo. La nazi opina que lo mejor para Laurita es volver con su madre porque allí tiene un marco familiar más estable. Tiene razón.

Se fue Laurita con una carta mía para la madre donde le prometía aportes económicos delirantes dictados por la culpa; Henny se instaló definitivamente en su departamento y comenzamos a erigir nuestro propio muro de Berlín: reconstruimos la pared de la cocina que habíamos derribado para comunicar los departamentos. En *Traylesnik*, "Ella" construía una pared que simbolizaba su resistencia a que "Él" entrara en su vida. *¡Qué depresión! ¡No tengo ganas ni de suicidarme! No soy padre ni marido ni donjuán y ya no tengo edad para seguir repitiendo y repitiendo la misma situación como si fuera un chico que recién* *empieza.* No luché contra el bajón, me dejé estar tirado y que el tiempo y la psicóloga "nazi" se ocupasen de mí. Además, fue de gran ayuda que me encargaran cuatro trabajos al mismo tiempo: la mencionada comedia musical sobre Gardel, un libro cinematográfico, dirigir una reposición de *La fiaca* y adaptar una comedia teatral española. Y para que mi mente no tuviera ni un minuto libre, comencé a preparar una nueva versión de mi unipersonal.

Me levanto a las seis y empiezo a escribir. Hay una gotera en la cocina que no para de repiquetear mientras el albañil construye el muro de los lamentos conyugales.

Verano del '85. Mar del Plata. He batido todos mis récords desde que empecé a casarme y separarme para siempre: seis meses sin pareja. *La fiaca* en cartel. Por fin estreno una versión aceptable de mi unipersonal con el título *Monoloco* y me nominan para los premios "Estrella de Mar".

Gracias a mí, gil.

Pará, Tito, que vos sos un invento mío.

Vos no inventaste nada. Yo ya existía cuando vos no eras ni un glóbulo. Batime... ¿Vos te desayunaste de cómo los porteños hablamos con palabras que tienen que ver con el morfi?

¿Otra vez con eso?

Manyá: Una noche fui a una fiesta en la casa de un pescado gordo, un punto que corta el bacalao. Entré y no pasaba naranja, estaba todo medio mortadela. Ya me las iba a tomar cuando veo a un bomboncito, un budín, un churro con dos limones de primera y un pan dulce riquísimo. Ya la iba a encarar pero se me adelantó un nabo y la sacó a bailar. Me la digerí como pude y descubro un par de gambas y una pechuga que mataban, pero la mina estaba sentada con un bebito, un cebollita gordito como un lechón, con los cachetes como manzanitas. El purrete empezó a pucherear y yo seguí de largo. Paso delante de una mesa donde había unos cuantos comilones. En ese momento aparece un papafrita y los carga. ¡Para qué...! ¿Sabés la rosca que se armó? ¡Saltó uno de la mesa como leche hervida y le metió una galleta, una torta y un castañazo que...! ¡Lo hizo puré! Yo vi que el horno no estaba para bollos y me abrí para el lado de la parrilla...

Está bien, Tito, te luciste y dejaste testimonio. Pero decime una cosa: ¿de lo único que sabés hablar es de mujeres y de sexo?

¡Mirá quién habla! ¡Si el que me escribe sos vos, salame!

Eh... Gracias, podés retirarte. Bien, como les decía, yo estaba en La Ciudad Feliz. Por la calle me encuentro con una chica que había sido la novia del hermano de Camila quince años atrás, cuando yo estaba en pareja con ella. Palabrita va, palabrita viene... Que un encendedor y un relojito olvidados sobre la mesa de luz, un par de zapatillitas celestes alejándose por el pasillo después de una visita de su dueña, una ensalada de tomate con ajo, una primera noche durmiendo a mi lado y musitando "Mini-mini-mini" entre sueños, unas chinelitas transparentes de plástico para ir a la playa y... ¡me engancho de nuevo! Por primera vez con una mujer quince años menor. De vuelta en Buenos Aires, también volví a la adolescencia: me agarran todos los complejos posibles al mismo tiempo. Muerto de inseguridad y de celos. Marta me tuvo paciencia y soportó mis ansiedades a pesar de que tampoco ella era un oasis de serenidad y tolerancia, pero los dos estábamos necesitados de cariño y nos fuimos aguantando mientras recorríamos nuestra ruta de peleas, pasión con toques de ternura y picaditas, matecito con milhojas, picnics en la plaza Lavalle, lecturas de diario con intensos debates y salidas al cine. Después de algún tiempo, sobre todo a pedido mío, empieza a traer su ropita al departamento que un servidor todavía ocupaba en Corrientes y Callao. Henny ya se había mudado del suyo y yo de nuevo repetía con ansiedad la experiencia de vivir en pareja, pero con una diferencia sutil y muy grande: esta vez no sentía que era para siempre.

COMIENZA LA LUCHA IDEOLÓGICA

Ella estaba en el "doparti". Él hacía casi quince años que había dejado de "ser de izquierda". Ella, con el "Qué pasa" bajo el brazo. Él, con Krishnamurti arriba de su mesa de luz. Ella, que parece una "mosquita muerta" pero puede convertirse en un moscardón. Él es un moscardón. La lucha fue dura, las polémicas ásperas y hasta agresivas en muchos momentos, las descalificaciones volaban de uno al otro hasta que aparecieron Gorbachov y Umberto Eco para salvarlos. El dirigente ruso por sus ideas moderadas y pacifistas con las cuales ambos coincidían y el escritor italiano con un artículo que produjo un efecto asombroso: lo leyeron juntos, les gustó y no se pelearon al expresar sus opiniones. Los dos se quedaron muy sorprendidos y desconcertados. Era muy extraño comunicarse sin prejuicios ideológicos.

(Leer juntos había sido una sugerencia de Francisco Berdichevsky, antiguo terapeuta de Marta, que me atendió primero a mí y luego a los dos cuando me escapé de la psicóloga nazi de izquierda.)

A propósito de los intrincados laberintos sentimentales que nos gobiernan, tengo el honor de citar palabras pronunciadas por un personaje de una obra teatral del afameado escritor Ricardo Talesnik:

Estar enamorado... o enamorada. Todo está bien. Nada está mal. El otro es perfecto, tal cual lo soñamos. ¿Quién no ha sentido alguna vez esa dulce embriaguez, esa urgente necesidad de la presencia del otro, esa ansiedad por compartir todo y sentir que dos pueden ser uno...? Ah, qué hermoso sentimiento, qué felicidad. Sería tan lindo si fuera eterno. Pero se acaba. Lo vemos todos los días. Llega un momento en que se acaba. El hermoso sentimiento desaparece, se termina, no se siente más. Como suele decirse: "Se terminó el amor", se esfumó como por arte de magia, así como vino se fue. ¿Es la palabra "amor" la adecuada para designar a ese sentimiento fugaz y evanescente? ¿Es amor decir hoy "te quiero" y mañana "es como que ya no te quiero, ¿viste?". ¿Eso es el amor? ¿Un estado de ánimo? ¿Una sensación, un impulso físico, una casualidad? ¿Algo que te toca o no te toca? ¿La lotería?

No, hoy no creo que el amor sea eso. Ni tampoco un martirio que se deba soportar en nombre de los hijos o para "salvar la pareja". Mucho menos la pasión que, tarde o temprano (más temprano que tarde), disminuye o se acaba. Supongo que el afecto y el cariño tienen algo que ver con el amor. Y el respeto, la tolerancia, el compañerismo, la solidaridad, todas esas cosas tan fáciles de decir y escribir.

A mediados de 1985 estrené mi unipersonal *En camiseta*, el resultado final de aquello que empecé a escribir en Caracas la noche en que hice catarsis representando el sketch de *La culpa* y que se llamó *Monoloco* en Mar del Plata. La temporada duró un par de meses en el Teatro del Viejo Palermo, preciosa sala de Ernesto Pirogovsky, y a principios de 1986 partimos a Nueva York en una especie de luna de miel mezclada con trabajo. Otra vez Hollywood en el horizonte de la fantasía junto con la guita real que necesitaba con urgencia. De entrada la pasamos bajo una fuerte austeridad. Y con mucho frío. Para no tomar taxi caminábamos y caminábamos hasta la gripe, en mi caso. Marta seguía caminando.

(Uno de los conflictos que nos han acompañado desde el principio de nuestra relación es el problema de las ventanas. Ella tiene una tendencia a sentirse ahogada si no hay algo abierto. Yo soy proclive a resfriarme con facilidad y vengo sosteniendo una lucha a muerte contra las corrientes de aire. En la Gran Manzana, con algunos grados bajo cero, Marta abría a pleno todas las ventanas. Desde entonces, y hasta hace diez minutos, cuando fui a almorzar con ella en nuestra vivienda porteña, sostenemos el viejo y siempre vigente diálogo: "Cerrá, que hay corriente de aire y está fresco". "Si cierro, me ahogo." ¿Cuál fue la solución para no llegar al derramamiento de sangre? Cerrar una de las ventanas o alguna puerta para que haya aire y no corriente. De su parte, tiene la generosidad de cerrar todo cuando hace mucho frío.)

En una de las últimas noches neoyorkinas, noche de vino y gruyère, después de haberse retirado los miembros del grupo para el cual escribí la obra encomendada, comencé a sentir los síntomas normales en quien desea cumplir una tradición orgánica universal.

UNA NOCHE DE MIERDA

Escuchemos como fondo musical la melodía de *New
York-New York*. Se van los amigos del vino y el gruyère,
queso al cual soy adicto, y recuerden que estoy en una especie de luna de miel con Marta. Registro el ancestral deseo de concurrir al baño y me excuso ante mi flamante
compañera, en ese momento ordenando la cocina. A pesar
de mi ignorancia también idiomática, me llevo el diario
aunque sea en inglés con tal de no romper un hábito. Me
siento a no poder leerlo pero por lo menos le miro las figu-
ritas mientras dejo que la naturaleza siga su curso, aunque
de pronto se interrumpe: algo está trabado y no funciona.
Dejo el diario y comienzo a meter presión. Nada. No camina. El invitado está en la puerta y no quiere salir. Aprie-
to el acelerador a fondo y no hay caso. Pongo la marcha
atrás y tampoco. Y cómo duele. Estoy atravesado y si grito
me oye Marta. A ver si me relajo: Ommm... Ommm...
Ommm... ¡¡¡Mmmmmm!!!... ¡¡¡Ffffff...!!! ¡¡¡Gaaaa...á!!! No
hay caso. ¡Uy, de hacer tanta fuerza me está saliendo jugo!
¡Qué asco, todo chorreado! ¡Qué dolor! ¡Tengo que sacarlo
afuera! ¡Rráááááá... RRAAAAAAAAAAÁ!
Derrotado, me revuelco de dolor, enchastrándome sobre el piso lleno de mi licuado y escucho al otro lado de la
puerta:

Marta: *¿Qué pasa?*
Yo: *¡Nada, nada!*
Marta: *¿Te sentís mal?*
Yo: *¡Andate, por favor!*
Marta: *¿Por qué? ¿Qué tenés?*
Yo: *¡No puedo... no puedo decírtelo!*
Marta: *¡Sí, se siente el olor!*

¿No les parece trágico que me haya sucedido esto con una pareja nueva? ¿Puede haber algo menos romántico?

Yo: *¡Andate, por favor, andate, por Dios te lo pido! ¡Dejame solo!*

Se fue... Yo no me doy por vencido. Soy de Capricornio. La perseverancia es mi característica esencial... Persevera y... ¡¡¡Gggrrrrr... aaayyy!!! Dios, te juro que dejo de fumar. No me abandones, por favor... Nunca más voy a comer un kilo de gruyère... La mente en positivo... Autoafirmaciones positivas: yo puedo, yo soy... Lo lograré. Sí, lo lograré. ¡Yo puedo, yo soy, yo hago, yo puedo, yo puedo!... ¡No puedo, no hago, no soy...! ¡No sirvo para nada! ¡Jamás voy a poder...! ¡Fuera, fuera pensamientos negativos! ¡Fuera de mí! ¡¡¡Fuera!!!... ¡¡¡AAAAAAAAAHHHHHHHHH!!! ¡¡¡MARTA!!! ¡¡¡MARTA!!!

Marta: *¡¡¡¿¿¿Qué, qué pasa???!!!*
Yo: *¡¡¡No entrés!!! ¡¡¡Llamá a American Express!!!*

Pertenecer tiene sus privilegios.

Marta: *Hola... Buenas noches, señorita... Perdone, pero mi marido... Este... Resulta que está en el baño y no... En fin, usted me entiende...*

Le da vergüenza. A ver si no la entienden, me mandan una ambulancia, me internan y me abren la panza para sacarme todo por delante.

Yo: *¡Esperá, esperá, dejame a mí! ¡Apartate del teléfono que voy! ¡No me mires, no me huelas, no me nada!... Hola... ¿Señorita?*
Recepcionista: *¿En qué puedo serle útil, señor?*
Yo: *No puedo cagar, señorita.*

No había tiempo para delicadezas. La representante consultó con alguien y me prescribió un jarabe lubricante. Dos de la mañana, New York antes de Giuliani... Marta se juega entera y pide un taxi para salir en busca del elixir milagroso. Yo me quedo firme en mi puesto de guardia arriba del inodoro. Ella vuelve enseguida.

Marta: *Me asustó la cara del chofer del taxi y no me atreví a subir.*
Yo: *¡No importa, no te preocupes! ¡Lucharé hasta triunfar! ¡Mantenete alejada de esta zona y no vengas aunque me oigas aullar como una mujer pariendo!*

Allá fui, como Rocky I subiendo las escalinatas hacia el triunfo, aguantando el dolor, cayendo y levantándome como un héroe, gritando mi epopeya a todo el vecindario neoyorkino hasta que por fin se produjo: di a luz después de un grito descomunal, desgarrante, emitido desde el fondo de la edad de piedra. La pesada caída del objeto volador agitó las aguas del inodoro al tiempo que se escuchaba un "¡splash!" estruendoso. Los aplausos y "bravos" de Marta me obligaron a salir del baño para agradecer con los brazos en alto.

LA MALARIA

Después de la obra escrita y cobrada en New York regresamos a nuestra tierra y se vino la sequía. Marta aportaba bastante con su trabajo como psicóloga, pero los ingresos producidos por mi unipersonal no eran suficientes. Instalé un taller de humor y vino mucha gente, pero no supe conducirlo. En esa etapa de escasez monetaria se produjo:

EL CURRO

Un martes a la noche recibí el llamado telefónico de un muchacho con voz simpática y confiable que, presentándose como integrante de un grupo teatral de Gualeguaychú, formuló el deseo de entrevistarme con otros compañeros para publicar la nota en un periódico estudiantil. Aunque los réditos promocionales no eran atractivos, recordé que en esos casos uno tiene que ser bueno, amable y modesto. Convinimos la cita para el día siguiente a las doce en mi departamento. Le previne que yo disponía de poco tiempo. "No hay problema", me dijo, "en quince minutos terminamos". Sonó el timbre. Abro la puerta y en el palier hay tres muchachos que no parecen porteños pero así tenía que ser. Le tiendo la mano al que está delante, me la estrecha y no me la suelta, me empuja hacia el interior de mi depto y abraza mi cuello con el otro brazo. Pensando "qué muchacho afectuoso" descubro que me está apuntando con un revólver. El doble mensaje me dejó perplejo. En una décima de segundo entraron los otros, cerraron la puerta y se ubicaron estratégicamente: uno cubriendo la puerta y el otro en el centro del living. La realidad era un sueño. ¿Acaso los jóvenes estudiantes de teatro estarían exhibiéndome su capacidad histriónica en un alarde de humorismo? "Si te quedás tranquilo no te hacemos nada" fue una frase dicha con un tono demasiado convincente y amenazador como para tomarla en broma. Me quedé tranquilo como nunca en mi vida. Denotaron los verdaderos objetivos de la visita con gran poder de síntesis: "¡La guita!". No podía negarme. Comencé por darles lo que tenía en el bolsillo y completé el pago entregando lo que había en la billetera guardada en un cajón de mi escritorio, hasta el cual me acompañaron los tres con un gran sentido de grupo. Cuando constataron el contenido de la billetera me hicieron una pregunta estremecedora: "¿Esto es todo lo que hay?". Si tales palabras no me hubieran estremecido hasta los talones, quizás habría sonreído, halagado por tener una imagen pública tan próspera, pero tuve que ser sincero: "¿Dónde se creen que están?". "Vamos, vamos, vos sabés lo que venimos a buscar." Por un momento tuve la esperanza de contar con bienes cuya existencia yo mismo ignoraba. Lamentablemente, tuve que comunicarles que yo no sabía dónde estaba eso que ellos sabían. "El oro de tu mujer, las alhajas." "Puras fantasías", les respondí. Y para que no se ofendieran los invité a que registraran mi vivienda a fondo, sin apuro. "Trabajen tranquilos", agregué con bastante nerviosidad, de la cual me disculpé inmediatamente. No obstante, prepararon la venda elástica para maniatarme y amordazarme. "No es necesario", les aseguré, invadido por un potente sentimiento de angustia claustrofóbica. "Yo no los voy a molestar." Inútiles promesas. Casi con cierta ternura me recomendaron: "No te hagás el malo". Nuevamente tocaron mi sentido ético y los acompañé hasta el dormitorio para dejarme amordazar y sujetar tobillos y muñecas. "Ponete boca abajo en la cama." Más allá del halago de sentirme deseado, no podía concebir que me violaran a esa altura de mi vida. Por las dudas, me preparé anímica y mentalmente para enfrentar la situación. Mi expectativa se vio frustrada porque, evidentemente, lo único mío que deseaban eran valores convertibles en dinero. Abrieron el placard del dormitorio y bajaron el bolso con la ropa de teatro. Articulando ridículamente las palabras debido a la mordaza, les supliqué: "...é la opa el laúro...". "Dejásela", le dijo el compañero a quien había bajado el bolso. No eran mala gente. Me animé a decirle a uno: "A...jí e us...edes ean os eriodistas". El aludido sonrió. "Qué le vas a hacer, macho. Hay que rebuscárselas." Y muy seriamente me advirtió que me quedara tranquilito. Ya salía del cuarto cerrando la puerta cuando, con el estómago prensado por la claustrofobia, le pedí: "No, no ceés a perta". "Quietito, quedate quietito donde estás." Ésas fueron sus últimas palabras antes de cerrarla y unirse a la tarea que los compañeros desarrollaban en el escritorio y otras áreas de mi morada. Pausa. Silencio. Algunos leves ruiditos. Por mi mente pasaban escenas de tantas películas y series de violencia, crueldad, sometimiento, sangre y todas esas cositas con que suele entretener el negocio del espectáculo.

Cesaron los ruiditos. Silencio.

"¡Uchachos!", llamé sin moverme de la cama, tímidamente.

No hubo respuesta. Llamé más fuerte. "¡Uchachos!" Nada. Abrí la puerta del dormitorio con las manos operantes a pesar de las muñecas maniatadas y salí al pasillo. Después volví a llamar con prudencia por si estaban robando en algún ámbito inaccesible al alcance de mi mirada. "¡Uchachos!" La falta de respuesta me indicó que se habían ido en el más absoluto silencio. A los saltos, como un canguro, me dirigí a un departamento vecino donde estaban trabajando unos pintores. Al verme llegar saltando, maniatado y amordazado, por un momento creyeron ser víctimas de una alucinación. "¡E afanaron, e afanaron!" Uno de los pintores se quedó congelado con la boca abierta y la brocha aplastada contra la pared. Al cabo de algunos segundos entendieron y me liberaron.

Después del afano, tuve que pedir prestado por primera vez desde que empecé a trabajar en el "espetáculo". Con la madre de mi hija mayor estaba distanciado después de un encontronazo epistolar.

¿Y tu madre? ¿Tu madre no existe más? ¿Qué tengo que hacer para que te acuerdes de mí? ¿O te creés que porque me compraste este departamentito ya cumpliste?

Mamá, no te podés quejar.

¡¡¿¿¿QUE **YO** NO ME PUEDO **QUEJAR**???!!!

Mirá, tengo una sorpresa para vos. Te escribí un poema.

Eso no es un poema. Es un versito necrológico. Y yo todavía no me morí.

Tenés razón. Antes estrené un nuevo unipersonal en un verano marplatense muy caliente (murió Olmedo, Monzón provocó la muerte de Alicia Muñiz) y después me lo llevé de gira junto con el anterior, o entremezclando partes de cada uno. Me fue bien en varios países y me traje unos manguitos que coloqué en una cooperativa donde trabajaba una amiga. A fines de 1988 empezó el ataque de la Coyuntura. Que lo cuente ella misma.

Aclaro que soy la Coyuntura Nacional. Y que por supuesto empecé mucho antes del momento en que me lo sublevé a Seineldín en Villa Martelli. Tengo que reconocer que esta etapa mía fue muy espectacular por todo lo que pasó en tan poco tiempo. Después de lo de Seineldín seguí con los apagones, el racionamiento de energía eléctrica y el ataque al cuartel de La Tablada. Me mandé el dolarazo, la híper, lo hice ganar a Menem, comenzaron los saqueos (en los supermercados) y la pulseada entre Alfonsín y el recién electo para anticipar la fecha de la entrega. Le inspiré a Pugliese su frase célebre: "Les hablé con el corazón y me contestaron con el bolsillo". Lo hice aparecer a Nosiglia, crucifiqué a Jesús (Rodríguez) como ministro de Economía, asumió Menem, decretó la muerte de todas las ideologías sin indultarlas hasta el fin de su mandato y se casó con Bunge y Born apadrinado por Julio Bárbaro y Amalita Fortabat. Allí empecé a proyectar las películas de Carlitos: *Carlitos jugador de fútbol*, *Carlitos tenista*, *Carlitos bailarín de tango*, *Carlitos aviador*, *Carlitos humorista*, *Carlitos basquetbolista*... Y me despaché con los primeros ajustes, sospechas de curros, muertes de funcionarios, precursores enroques o enrosques y la primera separación del flamante Presidente: se divorció de Bunge y Born. Los precios, siempre tan sensibles e inquietos, se sintieron muy afectados por el suceso. Aprovechando las Fiestas del '89, batí el récord de feriados bancarios y cambiarios. Inauguré el '90 con el Bonexaso. Se tranquilizaron todos menos quienes tenían plazos fijos. Primera planchada del dólar y la Argentina ingresa en el Primer Mundo: inflación en dólares y precios internacionales. "Los salarios son del Cuarto Mundo", dicen algunos. Se les contesta: "Así hablan los anacrónicos ideologizados de turno, los nostálgicos del '45, los resentidos y fracasados." Según el Presidente, el austral era "la moneda más fuerte de América latina". ¡Y eso que todavía no había llegado la convertibilidad! Mientras tanto me hice presente con pavaditas: el escándalo de los afiches, los guardapolvos, los Bonos Solidarios, la leche en polvo, la separación conyugal del Primer Magistrado, "desprolijidades" privatizadoras, la prueba de amor a USA enviando dos barquitos al Golfo y otras cositas. Antes de la llegada de Bush y/o su doble, puse en escena la rebelión carapintada. Ése fue un momento mío muy brillante: las marchas en silencio por María Soledad, el Ejecutivo dicta la madre de todos los indultos, estalla el Swiftgate, el dólar vuelve a irse para arriba y el ministro de Economía Erman González para abajo, aunque beneficiado por su inclusión en una nueva serie de enroques y... ¡Milagro! El Presidente había dicho el día de su asunción: "Argentina, levántate y anda". Y la Argentina lo escuchó. Se hace la luz y viene a Cavallo. La cirugía sin anestesia dio resultado. Se termina la inflación y la estabilidad llegó para quedarse. Por decreto, el peso argentino es tan fuerte como el dólar y más fuerte que el marco, el yen, la libra esterlina y el franco francés o suizo. Pero yo no me quedo quieta. Pongo los precios queterrecontra altos, bien altos, que puedan alcanzarlos muy pocos. Y doy crédito caro, bien caro. Por el "riesgo-país", explico. Los sindicatos se la bancan. Instalo el tema de la flexibilización laboral, le doy al Yomagate, lo beco a Manzano, lo paro a Grosso, vuelo la Embajada de Israel, le corto el proyecto de las cédulas a Mera Figueroa, invento al diputado trucho, los hago hablar, sonreír y explicar a Corach y a Kohan, deslumbro con el cólera, la AMIA, el pacto de Olivos, el hasta ahora accidente de Junior, la reelección, la venta de armas, Yabrán, la desocupación, la corrupción, la impunidad, la violencia, la nueva rereelección, los mensajes contra la droga mientras la droga sigue entrando, los mensajes a favor de la paz mientras se siguen fabricando y vendiendo armas, los mensajes de prevención contra los accidentes de tránsito al mismo tiempo que los autos se fabrican cada vez más veloces y toda la publicidad automovilística promueve la velocidad, la fuerza y la potencia para ganar, seducir y...

¡Pará, che!... A ésta si no la parás te devora. Se comió casi diez años en un soplo y se salteó cosas mías importantes.

¿Importantes para quién?

Para mí.

LA HERENCIA DE MAMÁ

Mamá me dejó una plancha
Una cafetera eléctrica

Un encendedor de cocina
Y un televisor.

Su termo p'al mate
Un mazo de naipes
Una lotería
Y un dominó.

El cubilete con dados
Su radio portátil
Un ventilador de antes
Y un turbo de hoy.

Mamá me dejó un mantel
Montones de servilletas
Unas cuantas toallas veteranas
Y trapos por doquier.

Una vieja caja de bombones
Repleta de constancias
Facturas y recibos al día
Del fono, el gas y la luz.

Sus cuadros baratos
Sus muebles escasos
Sus pilchas guardadas
Ya sin usar.

La cama vacía
La colcha doblada
La luz apagada

Canillas cerradas.

El cuarto vacío, lleno de soledad.

Mamá me dejó
Un hueco en el alma
Un hondo desgarro
En la zona remota donde habita el amor.

No sabía que eras tan llorón.

Cerrá el pico, Coyuntura. Y respetá mis sentimientos. Estoy escribiendo en el día de mi cumpleaños, la última Navidad del milenio.

Qué emocionante.

¡Terminala, que sos vos la que me hincha las pelotas con toda esta historia de milenios que van y que vienen!

Yo no. Los medios.

Se supone que los medios reflejan lo que pasa.

Y también pasa lo que quieren reflejar.

Bueno, muchas gracias por tu colaboración. Ahora voy a seguir con mi coyunturita personal. El dolarazo y la hiper del '89 me pulverizaron los mangos de la cooperativa, cuyo gerente me explicaba que no convenía pasarme al dólar con el fin de "no homologar la pérdida". Y como además vivíamos en buena parte de los intereses, fui dejando la plata hasta que se convirtió en nada. A Marta se le interrumpió un primer embarazo, se murió mi vieja, pasaron los meses, pasaron los trabajos, tuvimos problemas con otro par de embarazos y por fin nos fuimos del departamento de Corrientes y Callao.

Perder tres embarazos (dos en el parto) es una experiencia muy dolorosa para toda mujer que desea fervientemente tener un hijo. Y además del dolor y la tristeza queda mucho miedo adentro. Pero Marta, un kamikaze de la maternidad, quiso poner el cuerpo de nuevo y yo le hice pata: aporté mi granito de esperma. ¡Cómo me deseó esta mujer durante la etapa de gestión! ¡Era insaciable!

Mi susto ante el nuevo intento era muy grande, pero me tapé los ojos y le di para delante confiando en la solvencia del nuevo profesional que la asistiría. Al poco tiempo de su embarazo, fui invitado a un programa de radio y allí conocí a un mago profesional que me invitó a almorzar junto a un mago joven y su *partenaire*. La reunión fue regada con abundante vino, la pasamos muy bien, los magos hicieron pruebas y surge un diálogo, ese empezar a preguntarse un poco más cada uno sobre la vida del otro. Así le dije al mago veterano, no me acuerdo con qué palabras ni en qué tono, que mi mujer estaba embarazada. "Sacáselo", me dice. "Que se lo saque porque le va la vida." Me levanté de la mesa sin despedirme de nadie y deambulé por "esas callecitas de Buenos Aires" tratando de aquietar mi pensamiento disparado hacia los dominios de Su Majestad, la Pálida. Mi conversación con una amiga y un llamado al doctor Savransky me calmaron. El obstetra fue muy práctico: "Pregúntele a ese mago qué número va a salir en la lotería".

Lo que también me tenía digamos muy nerviosito era que estaba sin guita, laburo ni proyecto a la vista. Había escrito una comedia que dirigí en México y funcionó bien, pero acá no lograba colocarla. Colaboré con la Banda Elástica post-Acher durante un tiempo y quedé otra vez en cero. Entonces agarré un par de personajes de mi primer unipersonal, algún cachito del segundo, agregué varios cachitos nuevos y, cachito va y cachito viene, estrené todos los cachitos juntos en la preciosa sala de Chico Novarro.

Y me volviste a usar, chantún.

Y sí. ¿Qué tiene de malo? Me viniste bien 'para hablar sobre algunas costumbres que cambiaron a través del tiempo. Dale, Tito, repetí algo de lo que decías...

Yo vengo de un Buenos Aires que hoy casi no existe. Hay chispazos de antes, algún barrio, un local que todavía permanece, el fútbol, el Obelisco que no afloja, pero ya no hay más porteros gallegos, los coreanos les coparon el Once a los rusos, por la calle te mangan ucranianos y kosovares, desaparecieron los tanos del Abasto y el Abasto se hizo shopping center, *ni siquiera galería, porque ahora todo es en inglés. Ya no te esperan en el "trocén", te esperan en el* center. *La materias primas son* commodities; *el reparto a domicilio se dice* delivery; *administrar una empresa es* management; *a las liquidaciones les ponen* sale *y a las rebajas* off, *lo mismo que los actores que trabajan fuera del circuito de teatro comercial: son actores* off, *pero no matan mosquitos; las farmacias no están más "de turno", están* open *las 24 horas; en el* shopping *podés comer* potatoes *y tenés* self service, salad bar *y un* snack *hasta en Pompeya o Almagro. Si lo único que falta es que a la calle Corrientes le digan* Current Avenue. "Nos vemos en Current Avenue y Liberty Street." ¡Por favor...! *Yo entiendo que los pibes se inventen su lenguaje y que tantos años de cultura inflacionaria hayan incidido hasta en la forma de hablar: está "re-fuerte", "re-bueno", "te super-amo", "te hiperquete-rrecontra-quiero" ...¡¿Pero por qué se tratan tan mal?! "¿Vamos al cine, boludo?" "No, boludo, no puedo." El preservativo, ese antiguo y útil adminículo que devino "forro" en el habla popular y luego se transmutó en un adjetivo despreciativo y bastante agresivo:*

"¡Sos un forro!", con el tiempo fue cariñosamente usado como un simpático apelativo juvenil: "Che, forro, ¿tenés un faso?"... "Te veo en el kiosco, forro." Existían antecedentes de la conversión de un insulto en palabras de admiración: "¡Hijo de puta...! ¡Qué bien la hizo!". O de deslumbramiento sexual: "¡Hija de puta..!". Pero nunca se había dado este fenómeno de la comunicación supuestamente cordial entre personas a través de la agresión verbal. Imagínense si esta modalidad de transformar los insultos en formas cotidianas de trato incorporase expresiones como "Buen día, rata sucia", "¿Qué decís, inmundicia?", "¡Chau, comadreja rapiñera!", "Mañana te llamo, cornudo".

Los machos se ponen aritos, usan colita, se dejan la melena larga como las minas... ¡¡¡Las minas!!! Antes una loca era una loca y una mina decente era una mina decente. Con una novia te la pasabas haciendo zaguán y no la metías adentro de un hotel ni mamado. Ahora encaran al conserje y le gritan: "¡Tirame una birra, loco!"... ¿Y esto de que las minas van a ver machos en bolas para divertirse un rato? Mujeres grandes tocándoles el bulto a los tipos que andan por la pasarela. ¿Adónde vamos a ir a parar? Hacen pesas, boxean... ¿Qué quieren, recibirse de hombres? Yo extraño a esas mujercitas dulces, calladas, que bajaban la cabeza cuando el varón levantaba la voz. Había más respeto. Ahora te encontrás con cada yegua que te la pelea de igual a igual y si jodés mucho te la corta. Antes la mujer sabía que el hombre tenía que meter un poco de rigor, ella misma lo pedía. Ahora, si en alguna discusión te ponés un poco nervioso y le llegás a poner una mano encima, ¡mamita!, te denuncia por violencia familiar y si te toca algún policía o un juez medio buchón, terminás en cana. Antes uno tenía una aventurita inocente, una distracción, y la esposa comprendía, perdonaba. Hoy en día se vengan y se

encaman delante tuyo con el primero que surja. Ojo por ojo,
diente por diente y culo por culo. Hablando de culo, la otra
novedad: hace millones de años que los hombres nos venimos
matando para tenerla grande. Bue, ¡¡¡ahora muchas mujeres
dicen que lo que más les gusta del hombre es el culo...!!! Yo no
sé cómo va a terminar todo esto. Encima está de moda ser bi-
sexual, es lo mismo darla que recibirla. Para ser posmoderno
te la tenés que comer aunque no te guste. ¡Y bueno, qué se le
va a hacer, si hay que comérsela me la como...! ¡Con tal de no
quedarme afuera y estar en onda!

Lástima que la temporada que hicimos fue tan corta, ¿no? Bueno, gracias una vez más, Tito. Y hasta siempre. Pedí guita prestada por segunda vez en mi vida profesional. Y me saqué un pasaje para ir a ver qué pasaba en Chile que me conviniera a mí. Faltaban cuatro meses para que naciera Tamara.

A Oscar Viale lo conocí viéndolo como actor en una obra de teatro. Era un tipo muy simpático. Entramos en contacto e intercambiamos nuestros primeros libretos. A cada uno le gustaba lo que escribía el otro. Y una vez nos juntamos a escribir un libreto infantil para la tevé. Nos divertimos mucho. Lo estoy viendo asomar ágilmente a la puerta del cuarto donde trabajábamos para exclamar *"¡Ever Mesh alerta!"*. A través de los años, por una cosa o por la otra, siempre estuvimos conectados. A fines de 1993, después del primer año de su éxito con *Mi cuñado*, me llama desde Pinamar para anunciarme que me había propuesto como co-libretista de un segundo ciclo que haría por Telefé. Me alegró mucho la noticia. Estábamos sobre la Navidad, mi hija Laura de visita, recién mudados y con moneda muy justa. Marta, Laura y yo nos abrazamos para saltar cantando: "¡Compramo heladera más grande, compramo heladera más grande!". Y no supe más nada de Oscar hasta la mañana en que me comunicaron su muerte física. Días después, yo heredaba la responsabilidad de escribir los libretos de *Mi cuñado* (al principio en equipo con otro autor). Por el lado del trabajo yo estaba contento. Lástima que tuvo que ser de esa manera.

Y nació Tamara con cesárea programada, de ocho meses. El coraje, la voluntad y la fuerza de Marta lo lograron. Aquella "mosquita muerta" resultó una mina con mucha polenta. De mi nueva hija, que ya tiene cinco años, no hablo para que no se piense que soy un degenerado baboso.

EL AHORRO ES LA BASE DE LA FORTUNA

Así nos decían en la escuela primaria cuando todavía no se habían iniciado los ciclos inflacionarios. Yo tardé unos cuantos años en cumplir esta consigna. El trabajo para la tele me permitió ahorrar en forma continuada por primera vez. Compraba dólares y los guardaba en una caja de seguridad del banco entonces llamado de Crédito, en la esquina de Las Heras y Callao. El recinto de los cofres se hallaba en el subsuelo, protegido por una pesada y enorme puerta de acero que sólo se abría en las horas de acceso a la clientela. Cada vez que iba al banco pensaba en la posibilidad de un robo ejecutado por esos especialistas llamados "boqueteros", pero me decía a mí mismo: "¡Mirá si van a hacer un túnel en este punto de la ciudad y a cincuenta metros de la comisaría 17!". Y seguía integrando mi reserva para eventuales periodos de escasez laboral y/o mudarnos a un departamento más grande con balcón terraza o patio para la nena. A fines del '96 nos instalamos en Pinamar para tomarnos unas vacaciones. Un mediodía regresamos de la playa y pongo la tele para mirar el informativo. Empiezo a escuchar "Banco... Recoleta... Cajas de seguridad... Túnel... Durante el fin de semana...". Y las imágenes mostraban lugares que me resultaban familiares. Mi inconsciente todavía me impedía juntar la información visual con la auditiva. Cuando mi resistencia a creer fue derrumbada por una realidad inapelable, llamé al banco con la última esperanza suscitada por una de las noticias que escuché: muchas cajas no habían sido violadas por los boqueteros. La mía sí. Disparamos a Buenos Aires con Marta para efectuar la denuncia penal correspondiente, trámite que debíamos efectuar en la comisaría casi vecina del banco. En la ruta me detuvieron en un puesto policial por exceso de velocidad, pero conté con la solidaria comprensión de un suboficial a cargo que no me demoró ni labró acta alguna a cambio de una suma sugerida por él. En la Capital cumplimos con nuestra grata misión y regresamos a Pinamar, que pocos días después fue declarada "zona liberada" para facilitar la comisión de un delito mucho más grave: el asesinato de Cabezas. El modesto episodio delictivo en el que participé como víctima me inspiró una romántica carta dirigida al banco, la cual incluyo en forma abreviada:

> ...Yo había creído en esas propagandas tuyas donde me hablabas de protección, seguridad y confiabilidad. Me emocioné escuchando o leyendo esos tiernos mensajes publicitarios que decían cosas tan bonitas como "un ban-

co con corazón"..., "el alma de un banco...", "un banco que llega a la gente"..., "gente que ama a la gente"..., ¿Qué nos sucede, banco, últimamente? Yo confiaba tanto en ti. ¿No poseías un sistema de seguridad que realmente protegiera el sagrado recinto donde descansaba nuestro canuto? Las distintas versiones que me diste para justificarte no me alcanzan. Siento que me descuidaste, banco, y que para colmo no me trataste bien. No sólo no me llamaste para ofrecerme alguna reparación material, sino que ni siquiera lo hiciste para transmitirme una palabra de consuelo, un pésame, algo... ¿Qué soy para ti? ¿Sólo un número más en tus registros? Me engañaste, banco, me defraudaste. Aquello de la seguridad, la protección, el amor y el corazón era pura propaganda para seducirme y hacerme tuyo. Usaste palabras casi sagradas para conseguirme sólo como cliente. ¿Sabés una cosa? Lo nuestro se terminó. De aquí en adelante me voy a entender con un banco que me dice cosas mucho más bonitas. Su propaganda promete bancarme en las buenas y en las malas.

Después de *Mi cuñado* me tomé un año "sabático". Lo pasé escribiendo este libro y trabajando en diversos proyectos para...

Perdón.

¿Y ahora qué querés, Coyuntura?

Me interrumpiste cuando estaba por llegar al final de las películas de Carlitos y el acceso al poder de la Alianza.

Me parece que lo más reciente está muy fresco para todos...

No te creas. Yo soy tan veloz y cambiante, hago pasar tantas cosas en forma simultánea y una detrás de la otra que logro que la gente se olvide de hechos muy gordos al poco tiempo de transcurridos. El impuestazo inicial de la Alianza ya está casi borrado. El ajustazo estatal me lo van digiriendo. Rodrigo ya no es lo mismo que el día en que... Igual que Favaloro. Lo de Shakira y Antonio son boludeces, pero entretengo, le doy tema de conversación a la gente y le aporto un toque romántico, juvenil, sexy, *fashion* y cholulero a un De la Rúa. Estoy moviendo un poco a María Julia, Alderete y Claudia Bello, aunque no sé hasta dónde voy a llegar, lo mismo que con Di Tella y Erman por el tema de las armas. La verdad, pensé que el video-escrache de las coimas en el sindicato de la construcción iba a dar más que hablar. Carlitos sigue disfrutando de la vida, en libertad, con novia y haciéndole propaganda al dólar. Chupete dijo que un ex presidente preso le haría mal a la democracia. Muchos opinan exactamente lo contrario. ¡Ay, siento que cuando se lean estas cosas pueden llegar a quedar tan chiquititíííííítas...! La verdad, estoy muy depre, angustiada con el tema del laburo, agobiada por la guita que no tengo, la que no me alcanza o la que necesito para tener cada vez más. Estoy viviendo una crisis mental, moral y total de la puta madre. El otro día me despaché con una encuesta en la que De la Rúa tenía muchísima mejor imagen que su propio gobierno. ¡Me rayé!

Bueno, perdoname, pero...

Esperá, no me eches.

Tengo que entregar el libro a De la Flor.

¡Pará! ¡En cualquier momento lo hago reaparecer a Fraticelli!

Ya está, Coyuntura. Basta. Tienen que imprimirlo.

¡Muy bien! Me retiro, pero no sin antes despedirme con algo bien gordo: ¡Senadores, allá voy!

Llegó el momento de terminar mi autobiografía, pero antes quiero hacerme una entrevista. Hace años que andaba con ganas. Siento que me la merezco y aprovecho esta oportunidad que me brindo para ...
Terminala y empezá a preguntar.

—Mirando tu vida hacia atrás, ¿le ves una dirección, un rumbo...?
—Más o menos. Si se advierte alguna línea o trayectoria aparentemente coherente, es pura casualidad. Y si es pura *causalidad*, mi conciencia no tuvo nada que ver. Casi siempre que me propuse una meta no logré alcanzarla. O empujando hacia donde yo suponía querer ir, terminé llegando a otra parte. Lo que me salió bien fue sin querer, sin premeditación, tanto en el trabajo como en lo afectivo.
—¿Hoy sos feliz afectivamente?
—"El matrimonio es molesto", dice el doctor Herzcovici, un excelente profesional que atiende problemas de pareja. Es una definición simple y muy sintética, aparentemente superficial y obvia; para mí significa que el placer y la felicidad permanente no existen, que no se puede vivir todo el tiempo en el cenit de la pasión, que en la pareja como en la vida también se sufre y se pelea, que convivir es un trabajo, una prueba y un desafío. Tamara es un poderoso motor de unión y nos obliga a moderar nuestros peores impulsos. Pero esto no quiere decir que esté junto a Marta sólo por mi hija.
—¡Qué serio que te pusiste! Parece que estuvieras hablan-

do del servicio militar... Con respecto a tu trabajo, la tuya fue una trayectoria bastante atípica.

—Puede ser, aunque mirándola desde cierto punto de vista tiene su coherencia: en mi primera etapa como autor quise hablar del sistema y sin saberlo estaba hablando de mí; en la segunda etapa hablaba conscientemente de mí a través de personajes de ficción; en la tercera me representé directamente a mí mismo.

—¿Y ahora?

—Ahora soy una mezcla de todo eso.

—¿Qué opinás de la religión?

—Es una cuestión personal, íntima, que se expresa a través de la acción, de la conducta.

—¿El dolor?

—A veces, inevitable.

—¿La muerte?

—No hay caso. Por más que ponga voluntad... no me gusta.

—¿La vejez?

—Cuando llegue te cuento.

—¿Reencarnación?

—No sé, no me acuerdo de vidas pasadas, pero no puedo negar ni afirmar lo que no conozco.

—¿El sentido de la vida?

—Estar vivo.

—¿Dios?

—Una palabra.

—¿Para vos qué significa?

—Todo.

—¿Creés en Dios entonces?

—Ni creo ni no creo. La palabra "Dios" me hace pensar

en todo lo que existe: el universo, la energía, la creación, la vida, la muerte, todo. Eso es lo que para mí significa la palabra "Dios".

–¿Y la guerra, la violencia, la maldad, la injusticia, el hambre y todos los horrores que existen?

–Son producto del hombre.

–¿Tenés e-mail?

–Sí: **rt@interserver.com.ar**. Y también estoy en la Web: **www.autores.org.ar/rtalesnik**.

–¿Cómo te gustaría cerrar esta entrevista?

–Con una nota que no hable de mí.

–Adelante.

EL ESPECTÁCULO DEBE CONTINUAR

¿De dónde vendrá esta frase? ¿Quién la habrá dicho por primera vez? ¿Algún empresario respondiéndole con firmeza al actor que no quería hacer la función porque estaba descompuesto? ¿O un actor a otro que llegó destruido por un dolor afectivo? Tal vez se lo dijo el acomodador a un señor que con sus ronquidos molestaba a espectadores y actores. EL ESPECTÁCULO DEBE CONTINUAR. Hay algo imperioso en la expresión, un deber a cumplir, un seguir a toda costa, pese a quien pese, caiga quien caiga. Aunque esté por nacer un hijo o se haya muerto un ser querido, EL ESPECTÁCULO DEBE CONTINUAR.

¿Esto no querrá decir que el espectáculo es como la vida, donde hay que seguir adelante a pesar de dificultades, pérdidas, frustraciones y dolores? Si la vida debe continuar, ¿por qué no el espectáculo? La vida es un "bis" permanente. Un "otra" y "otra" continuo donde los "¡bravos!" se alternan con los tomatazos, la admiración se trueca en olvido y la curiosidad en indiferencia. La tierra es un gran teatro circular que flota en el espacio y sobre el cual sus habitantes-intérpretes representan su propia vida, conformando entre todos esa gran Compañía Universal que desde hace milenios viene representando la obra máxima del autor anónimo para muchos, llamado Dios por tantos y últimamente Diosa por algunas.

¿Qué es el show sino una partícula del mayor espectáculo jamás concebido? En este preciso momento, arriba de nuestro esférico escenario se están desarrollando historias de todos los tipos y géneros: el drama, la comedia, el absurdo, el grotesco, la tragedia, el policial, el romántico... Y no queda tema sin tocarse, desde la soledad, el dolor y la miseria hasta la muerte, el sexo y la lucha por el poder. De vez en cuando, sorpresivamente, irrumpen el amor, la gracia y la belleza. Instantes de felicidad y alegría en millones de personas. El Gran Espectáculo nunca se acaba. Pasen, pasen y vean, gocen y sufran, rían y lloren, nazcan y mueran. El Espectáculo no puede parar. Después del día la noche, y después de la noche el día. Acá sale el sol y allá aparecen las estrellas, estallan los truenos, los rayos dibujan el cielo, *flashean* los relámpagos, gira la Luna, el retumbar de un terremoto comienza la percusión, una catarata poderosa agrega el sonido de su energía eterna, la melodía estremecedora de un tornado agita a los árboles que se menean como coristas bailando un gigantesco can-can, los volcanes lanzan hacia el cielo sus chorros de fuego y el mar ruge y se derrama sobre los continentes. ¡Grandísimo final a toda orquesta!

Una inmensa, prolongada y jamás oída ovación puebla el espacio silenciando todo sonido.

Todavía se oyen los aplausos.

Van disminuyendo.

Silencio.

Chau.

ÍNDICE

Impreso en GRÁFICA GUADALUPE
Av. San Martín 3773 (1847) Rafael Calzada,
Provincia de Buenos Aires, Argentina,
en el mes de octubre del año 2000.